Y2 39198

Londre
1792

Goethe, Johann Wolfgnag von

Passions du jeune Werther

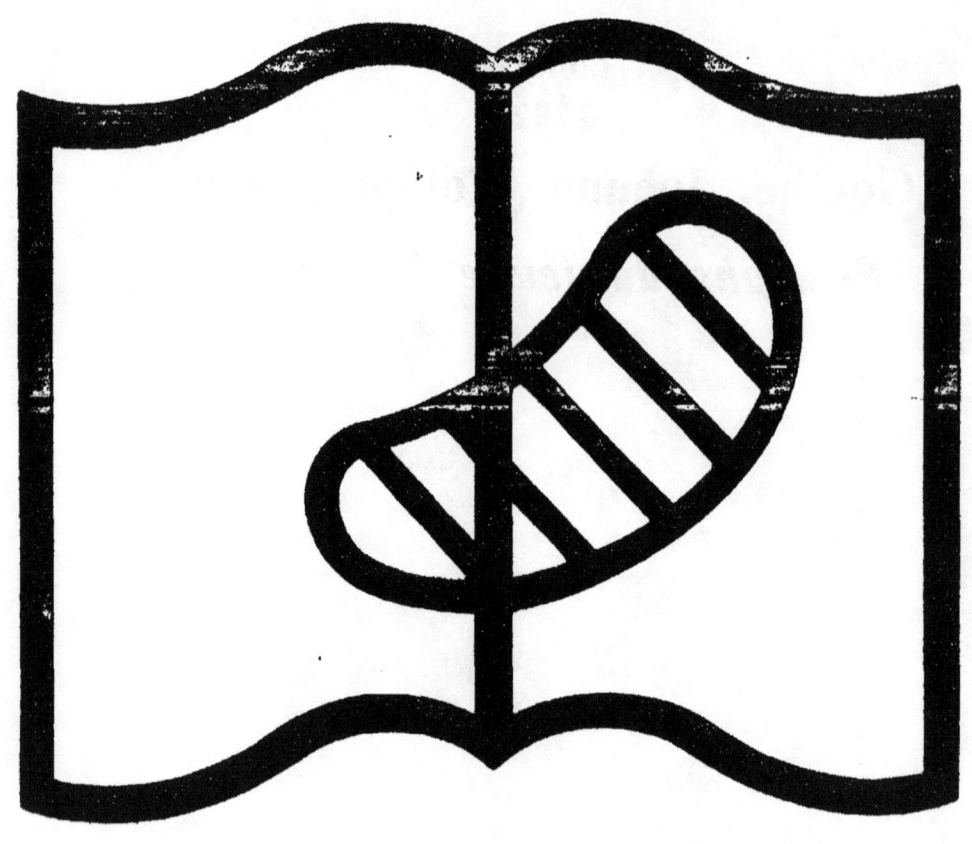

Symbole applicable
pour tout, ou partie
des documents microfilmés

Original illisible

NF Z 43-120-10

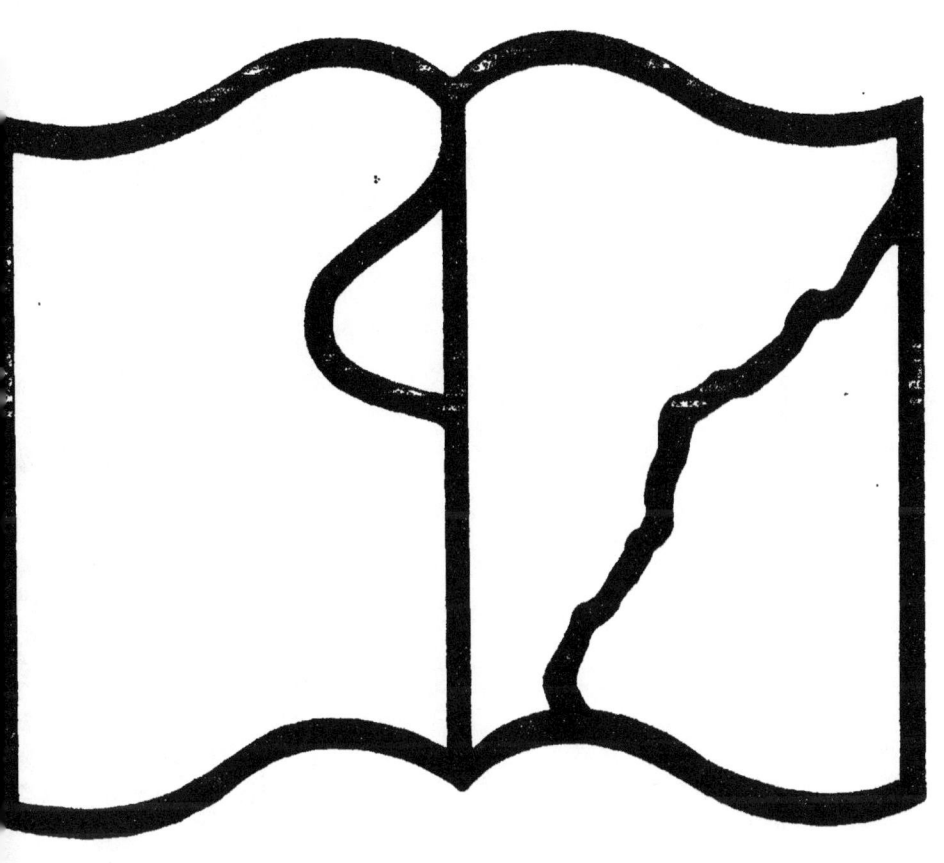

Symbole applicable
pour tout, ou partie
des documents microfilmés

Texte détérioré — reliure défectueuse

NF Z 43-120-11

PASSIONS

DU

JEUNE WERTHER.

A LONDRE.

M. DCC. LXXXII.

AVIS
DE L'AUTEUR.

J'AI recueilli avec soin tout ce que j'ai pu trouver touchant l'histoire du malheureux Werther; je le mets sous vos yeux; je sais que vous m'en saurez gré. Vous ne pouvez refuser votre admiration à son génie, votre tendresse à son caractere, ni vos larmes à sa destinée.

Et toi, ame douce et sensible, que la même pente entraîne, que ce livre soit ton ami, si par la rigueur du sort, ou par ta propre faute, tu ne peux en trouver un meilleur à ta portée.

LES PASSIONS
DU
JEUNE WERTHER.

LETTRE PREMIERE.
le 4 mai 1770.

Que je suis aise d'être partie : ô le meilleur de mes amis ! qu'est-ce donc que le cœur de l'homme ? Te quitter, toi que j'aime, toi dont j'étois inséparable, te quitter et être content ? Mais je sais que tu me pardonnes. Mes autres liaisons, le sort ne sembloit-il pas me les avoir fait contracter de nature à inquiéter, à tourmenter un cœur comme le mien ? La pauvre Léonore ! et pourtant j'étois innocent.

Etoit-ce ma faute si une passion s'allumoit dans son cœur malheureux, tandis que je ne songeois qu'à m'occuper agréablement des charmes de sa sœur? Cependant suis-je bien innocent ? N'ai-je pas nourri moi-même ses sentimens? Ne me suis-je pas souvent amusé de ces expressions marquées au coin de la nature et de la vérité, et qui nous ont fait rire tant defois, bien qu'elles ne fussent rien moins que risibles? N'ai-je pas ? —— qu'est-ce donc que l'homme, et comment ose-t-il se lamenter! Je me corrigerai, oui, mon ami, je te le promets; je ne veux plus ruminer sans cesse ce peu d'amertume que le sort mêle dans la coupe de la vie. Je jouirai du présent, et le passé pour sera pour moi. Certes, tu as raison, cher ami ; la dose de tristesse seroit bien moindre parmi les hommes, (Dieu sait pourquoi ils sont ainsi faits) s'ils exaltoient moins leur imagination, pour se rappeller le souvenir de leurs maux passés, au-lieu de supporter le présent avec sang froid.

Dis à ma mère que je m'acquitterai de mon mieux de sa commission, et que je lui en donnerai des nouvelles le plutôt possible. J'ai parlé à ma tante, et je n'ai pas trouvé en elle la mégere qu'on m'avoit annoncée : c'est une femme vive jusqu'à l'emportement, mais du meilleur cœur. Je lui ai exposé les plaintes de ma mere, au sujet de l'héritage qu'elle vient de faire. Elle m'a montré ses titres, ses raisons, ainsi que les conditions auxquelles elle est prête à nous rendre même plus que nous ne demandons. —— Mais en voilà assez. Dis à ma mère que tout ira bien. Eh! mon ami, j'ai trouvé dans cette chétive affaire, que la tiédeur et la mésintelligence causent plus de désordres dans ce monde, que la ruse et la méchanceté. Du moins les deux dernieres sont-elles plus rares.

Au reste, je me trouve bien ici. La solitude de ces célestes contrées est un baume pour mon cœur, qui se sent ranimer, réchauffer par les charmes de la saison. Pas une haie, pas un arbre qui ne soit un bouquet de fleurs, et l'on voudroit être papillon pour nager dans cette mer de parfums, et pouvoir y trouver toute sa nourriture.

La ville est désagréable. En récompense la nature brille aux environs dans toute sa beauté. C'est ce qui a engagé le feu Comte de M***, à faire planter un jardin sur l'une des colines, où la nature répand ses trésors avec une profusion et une variété incroyables, qui forment les plus délicieux vallons. Le jardin est simple, et l'on sent, en y entrant, que celui qui en a tracé le plan, étoit moins un jardinier esclave des régles, qu'un homme sensible, qui vouloit y jouir de lui-même. Déjà j'ai donné plusieurs fois des larmes à sa mémoire dans le cabinet qui tombe en ruine, dont il faisoit sa retraite favorite, et dont je fais la mienne. Je serai bientôt maître du jardin. Depuis le peu de jours que je suis ici, j'ai mis le jardinier dans mes intérêts, et il n'aura pas lieu de s'en repentir.

LETTRE II.

Le 10 Mai.

IL regne dans mon ame une sérénité étonnante, semblable à ces douces matinées du printemps, dont le charme enivre mon cœur. Je suis seul, et la vie me paroît délicieuse dans ce lieu fait exprès pour les ames comme la mienne. Je suis si heureux, mon ami, si abymé dans le sentiment de ma tranquille existence, que mon art en souffre. Je ne puis plus dessiner, pas un coup de crayon ; et cependant je ne fus jamais plus grand peintre que dans ce moment. Quand la vallée qui m'est si chere, se couvre d'une épaise vapeur ; que le soleil levant pose sur mon bosquet, dont il ne peut pénétrer l'obscurité ; que quelques rayons seulement se glissant entre les feuillages, parviennent jusqu'au fond de ce sanctuaire ; que je suis couché au pied de la cascade, dans l'herbe qui s'éleve par-dessus moi, et que mon œil rapproché ainsi de la terre y découvre mille petits simples de toute espece : quand je contemple de plus près ce petit monde, qui fourmille entre les chalumeaux, les formes innombrables, et les nuances imperceptibles des vermisseaux et des insectes, et que je sens en moi la présence de l'Etre tout-puissant qui nous a formés à son image, et dont le souffle nous soutient, nous porte au milieu de cette source éternelle de jouissances : ami, quand j'ai les yeux fixés sur tous ces objets, et que ce vaste univers va se graver dans mon ame, comme l'image d'une bien-aimée, alors je sens mes désirs qui s'enflamment, et je me dis à moi même : Que ne peux-tu exprimer ce que tu sens si fortement ! Ce dont tu es si pénétré, si échauffé, que ne peux-tu l'exhaler sur le papier, et le rendre par-là le miroir de ton ame, comme ton ame est le miroir de l'Être éternel ! Ami —— Mais je sens que je succombe sous la grandeur de ces apparitions imposantes et sublimes.

LETTRE III.
Le 12 Mai.

Je ne sais si ce sont quelques esprits d'illusion qui errent dans cette contrée, ou si c'est l'imagination céleste qui s'est emparée de mon cœur, et qui donne un air de paradis à tout ce qui m'environne. Tout près d'ici est une source, une source où je suis insorcelé comme Mélusine (1) avec ses sœurs. Tu descends une petite colline, et tu trouves devant une voûte profonde d'environ vingt marches, au bas de laquelle l'eau la plus

---

(1) Femme de la maison de Lusignan, au sujet de laquelle on a fait bien des contes. On dit que cette Fée, moitié femme et moitié serpent, bâtit le château de Lusignan, qu'on estimoit imprenable; et qu'elle avoit coutume de paroître sur la grande tour quand il devoit mourir quelqu'un de cette Maison. Voyez le Dictionnaire de Moreri, à l'article Lusignan.

pure tombe goutte à goutte à travers le marbre. Le petit mur qui environne cette grotte, les arbres élevés qui la couvrent, la fraîcheur de l'endroit, tout inspire je ne sais quel sentiment de vénération et d'horreur. Il n'y a point de jour que je n'y passe une heure. Le jeunes filles de la ville viennent y puiser de l'eau : fonction la plus basse, mais la plus utile, et que les filles mêmes des Rois ne rougissoient point jadis de remplir. Lorsque j'y suis assis, l'idée de la vie patriarchale revit en moi : il me semble voir ces vieillards faire connoissance à la fontaine, et se demander mutuellement leurs filles pour leurs fils ; je crois voir ces esprits bienfaisans qui errent autour des puits et des sources. Celui qui ne sent pas la chose comme moi, ne s'est jamais reposé au courant d'un onde pure, après une journée de marche pendant les chaleurs brûlantes de l'été.

LETTRE IV.
Le 13 Mai.

Tu me demandes si je veux que tu m'envois mes livres ? Au nom de Dieu, mon ami, laisse-moi respirer. Je ne veux plus être conduit, excité, aiguillonné. Mon cœur est un torrent qui roule avec assez de véhémence. Il me faut un chant de berceau, je l'ai trouvé dans la plus grande abondance dans mon Homère. Combien de fois n'ai-je pas recours à ce chant, pour appaiser le bouillonnement de mon sang ! Car tu n'as rien vu de si inégal, de si inquiet que mon cœur. Ai-je besoin de te le dire, à toi qui as eu si souvent le déplaisir de me voir passer tout-à-coup de la tristesse aux transports de la joie, et d'une douce mélancolie à une passion funeste ? Je traite mon cœur comme un enfant malade, tout ce qu'il veut lui est accordé. Ne dis cela à personne ; il y a des gens qui m'en feroient un crime.

LETTRE V.
Le 15 Mai.

JE suis déjà connu ici des petites gens, qui m'aiment beaucoup, et sur-tout les enfans. J'ai fait une fâcheuse observasion. Lorsque je me mêlois avec eux dans le commencement, et que je les questionnois avec amitié sur une chose ou sur l'autre, quelques-uns d'entr'eux me renvoyoient brusquement, dans l'idée que je voulois me moquer d'eux. Je ne me rebutois pas pour cela, mais je sentois bien vivement ce que j'ai plus d'une fois observé. Les personnes d'un certain rang se tiendront toujours dans un froid éloignement du petit peuple, comme si elles craignoient en s'en rapprochant de perdre quelque chose, et puis il y a de certains étourdis, de mauvais plaisans, qui semblent ne se rapprocher du peuple, que pour mieux l'accabler du poids de leur fatuité.

Je sais bien que nous ne sommes pas tous égaux, et que nous ne saurions l'être; mais il me semble que celui qui croit avoir besoin de se tenir à une certaine distance de ce qu'il appelle le peuple, pour s'en faire respecter, n'a pas moins de tort qu'un poltron, qui se cache de son adversaire, parce qu'il craint de succomber.

J'ai été dernièrement à la fontaine, et j'y ai trouvé une jeune servante, qui avoit posé son vase sur la derniere marche; elle regardoit autour d'elle, pour voir si elle n'appercevroit pas quelqu'une de ses amies, qui pût lui aider à le mettre sur sa tête. Je suis descendu, et après l'avoir considérée un instant: »Ma mie (lui ai-je dit) voulez-vous que je vous aide ?——Oh! Monsieur, a-t-elle répondu en rougissant: —— Allons, sans façons. —— Elle a posé son rouleau, je lui ai aidé à mettre son vase sur sa tête; elle m'a remercié, puis elle est remontée.

LETTRE VI.
Du 17 Mai.

J'ai fait des connoissances de toutes espèces; mais je n'ai encore pu trouver aucune société. Il faut que j'aie je ne sais quoi d'attrayant aux yeux des hommes, tant ils me recherchent avec empressement: ils sont, pour ainsi dire, pendus autour de moi, et j'en suis bien fâché, toutes les fois que notre chemin ne nous permet pas long-tems d'aller ensemble. Si tu me demandes comment les hommes sont ici, je te dirai qu'ils y sont comme par-tout ailleurs. L'espèce est uniforme. La plupart travaillent une bonne partie du jour, pour gagner leur vie ; et le peu de liberté qui leur reste, les tourmente au point, qu'ils cherchent tous les moyens possibles pour s'en délivrer. O destinée de l'homme !

Au reste, ce sont d'assez bonnes gens. Lorsque je m'oublie quelquefois, et que je me livre avec eux à la jouissance des plaisirs qui restent encore aux hommes, comme de s'amuser avec cordialité autour d'une table bien servie, d'arranger une partie de promenade en voiture, un bal, ou autres choses semblables, cela produit sur moi un effet très-agréable; mais il ne faut pas qu'il me vienne alors dans la pensée qu'il y a en moi tant d'autres facultés, dont les ressorts se rouillent faute d'être mis en jeu, et qu'il faut que je cache avec le plus grand soin. Ah! que cela est bien propre à resserrer le cœur! et cependant c'est le sort d'un de nous d'être mal jugé.

Hélas! pourquoi l'amie de ma jeunesse n'est-elle plus! Pourquoi l'ai-je jamais connue! Je me dirois: Insensé! tu cherches ce qui n'est point ici bas. Mais je l'ai eue, mais j'ai senti ce cœur, cette ame noble, en présence de qui je paroissois à mes yeux plus que je n'étois, parce que j'étois tout ce que je pouvois être. Dieu sensible! y avoit-il alors une seule de mes facultés qui ne fût employée? Ne pouvois-je pas développer devant elle ce toucher merveilleux, avec lequel mon cœur embrasse toute la Nature? Notre commerce n'étoit-il pas un tissu continuel du sentiment le plus rafiné, de l'esprit le plus subtile, dont toutes les modifications, jusques —— toutes étoient marquées au coin du génie! Et maintenant —— hélas! quelques années qu'elle avoit de plus que moi l'ont conduite avant moi au tombeau. Jamais je ne l'oublierai; jamais je n'oublierai cette fermeté d'ame, et ce courage plus qu'humain, avec lequel elle savoit souffrir.

J'ai trouvé, il y a quelques jours, un certain *V...* C'est un garçon ouvert, et qui a la physionomie fort heureuse. Il sort de l'académie; et quoiqu'il ne se regarde pas comme un savant, il se croit pourtant plus instruit qu'un autre. D'après toutes mes observations, j'ai vu que c'étoit un jeune homme appliqué. Bref, il a des connoissances. Dès qu'il a eu appris que je dessinois, et que je savois le Grec, deux phénomènes dans ce pays-ci, il s'est attaché à moi, m'a étalé beaucoup de savoir, depuis Batteux jusqu'à Wood; depuis de Piles jusqu'à Winkelman; et il m'a assuré qu'il avoit lu toute la première partie de la théorie de Sulzer, et qu'il possédoit un manuscrit de Heyn, sur l'étude de l'antique. Je l'ai laissé parler.

J'ai fait encore la connoisance d'un digne mortel, le Bailli : c'est un homme franc et loyal. On dit que c'est un spectacle touchant de le voir au milieu de ses neuf enfans. Sa fille aînée, sur-tout, fait beaucoup de bruit. Il m'a prié d'aller le voir, je dois un de ces jours lui rendre ma 1re visite. Il demeure à une lieue et demie d'ici, à une maison de chasse du prince, où, après la mort de sa femme, il a obtenu la permission de se retirer, ne pouvant plus supporter le séjour d'une ville, et sur-tout d'une maison qui lui rappelloit sans cesse la perte qu'il avoit faite.

Du reste, j'ai trouvé ici plusieurs originaux en caricature, qui sont en tout insuportables, et dont les protestations d'amitié sur-tout, vous excedent.

Adieu. Cette lettre te plaira, elle est toute historique.

LETTRE VII.

Le 22 Mai.

D'AUTRES ont dit avant moi que la vie n'est qu'un songe, et c'est un sentiment qui me suit par-tout. Quand je considère les bornes étroites qui resserrent les facultés actives et spéculatives de l'homme; quand je vois que toute notre activé ne tend qu'à atisfaire des besoins, qui à leur tour n'ont d'autre but que de prolonger notre malheureuse existence, et que toute notre tranquillité sur certains points de nos recherches,

n'est

n'est qu'une résignation fantastique où nous peignons mille figures bigarrées, et les points de vue plus piquans sur des murs qui nous tiennent enfermés ; tout cela, Guillaume, me rend muet. Je rentre en moi-même, et j'y trouve un monde ! Mais, semblable au monde extérieur, il se manifeste moins par la réalité, que par un pressentiment vague, un desir que j'ai peine à démêler. Bientôt ces chimères de mon imagination s'évanouissent ; je souris, et je continue mon premier rêve.

Que les enfans ne connoissent point les motifs de leur volonté, c'est un point sur lequel tous les pédans sont d'accord ; mais que les hommes faits se traînent en chancelant sur ce globe, comme les enfans ; que comme eux ils ne sachent d'où ils viennent, ni où ils vont ; qu'ils n'aient point de but plus certain dans leurs actions, et qu'on les gouverne de même avec du biscuit, du gâteau et des verges; c'est ce que personne ne croira volontiers; et cependant la chose me paroît palpable.

Je t'avoue sans peine (car je sais ce que tu pourrois me dire là-dessus), que ceux-là sont les plus heureux, qui, comme les enfans, ne vivent que pour le présent, promenent, déshabillent, habillent leur poupée, tournent avec le plus grand respect autour du tiroir où maman renferme ses bonbons, et qui, lorsqu'ils attrapent ce qu'ils desirent, le dévorent avidement, et s'écrient : encore ! ce sont-là sans doute des fortunées créatures ! Heureux encore ceux qui donnant à leurs occupations futiles, ou même à leurs passions, des titres pompeux, les passent en compte au genre humain, comme des opérations de géans pour son salut et son bien-être ! Heureux qui peut penser ainsi ! Mai celui qui dans l'humilité de son cœur voit où tout cela aboutit, qui voit comme ce petit bourgeois qui est content, décore son petit jardin dont il fait un paradis, et avec quelle assiduité le malheureux courbé sous le poids de sa misere, poursuit son chemin tout hors d'haleine ; qui voit, dis-je, que tous sont également intéressés à contempler une minute de plus la lumière de ce soleil ; oui, celui-là est tranquille ; il bâtit son monde de lui-même, et est aussi heureux parce qu'il est homme. Quelque borné qu'il soit, il nourrit toujours au fond de son cœur le doux sentiment de la liberté, et qu'il pourra quitter ce cachot quand il voudra.

LETTRE VIII.
Du 26 Mai.

Tu connois depuis long-tems ma manière de me loger ; tu sais que je choisis des endroits solitaires, où je puisse passer des momens isolés. J'ai trouvé ici un petit endroit qui m'a attiré.

Environ à une lieue de la ville, est un endroit qu'on appelle Wahlheim. La situatoin auprès d'une colline, en est fort intéressante ; et, lorsqu'on sort du village par le sentier, on découvre d'un coup d'œil toute la vallée. Une bonne femme complaisante, et vive encore pour son âge, vend du vin, de la bière et du café ; mais ce qui me plaît davantage que tout cela, ce sont deux tilleuls, dont les rameaux étendus couvrent la petite place devant l'église, qui est environnée de chaumières et de granges. Ce n'a pas été sans peine que j'ai trouvé un endroit aussi solitaire et aussi retiré ; j'y ai fait porter de la maison de l'hôtesse, ma petite table, avec une chaise, et j'y prends mon café, et lis mon Homere. La première fois que l'après-midi d'un beau jour, le hasard me conduisit sous ces tilleuls, la petite place étoit déserte ; tous les paysans étoient aux champs. Il n'y avoit qu'un petit garçon d'environ quatre ans, qui étoit assis à terre, il soutenoit dans ses bras un autre enfans de six mois, assis entre ses jambes, et appuyé contre sa poitrine, de manière qu'il lui servoit comme de chaise ; et, malgré la vivacité avec laquelle ses yeux noirs regardoient autour de lui, il se tenoit fort tranquille. Ce spectacle me fit plaisir ;

je m'assis sur une charrue qui étoit tout auprès, et je dessinai cette attitude fraternelle avec la plus grande satisfaction ; j'y ajoutai un bout de haie, la porte d'une grange, et quelques débris de roues de charrette, dans le même désordre où tout cela se trouvoit, en sorte qu'au bout d'une heure je me trouvai avoir fait un petit dessin d'une composition agréable et intéressante, sans y avoir rien mis du mien. Cela me confirma dans ma résolution de ne consulter désormais que la nature. Elle seule est d'une richesse inépuisable, elle seule peut former les grands artistes. Il y a beaucoup de choses à dire en faveur des règles, à peu près ce qu'on pourroit avancer à la louange de la société civile ; un homme qui se forme d'après les règles, ne produira jamais rien d'absolument mauvais ; de même que celui qui se modèle sur les loix et sur

la bienséance, ne peut jamais être un voisin insupportable, ni un frippon célèbre. Mais quoi qu'on en dise, toute règle ne sert qu'à détruire le vrai sentiment, et l'expression de la nature. Non, je n'avance rien de trop, elle ne fait que contraindre, elle émonde, etc. Mon cher ami, puis-je te faire une comparaison? Il en est de cela comme de l'amour : un jeune cœur est attaché à une belle ; il passe toutes les heures du jour auprès d'elle, et prodigue toutes ses forces et tout son bien pour lui prouver à chaque instant qu'il se donne à elle sans réserve. Qu'un petit bourgeois en place vienne dire à cet amant : « Jeune homme, aimer
» est humain, vous devez donc ai-
» mer par humanité. Partagez vos
» heures, donnez-en une partie au
» travail, et n'accordez à votre belle
» que vos instans de récréation.

» Comptez avec vous-même; et si,
» après les frais du nécessaire, il
» vous reste quelque chose, je ne
» vous défends pas de lui faire un
» petit présent, pourvu que cela
» n'arrive pas trop souvent : le jour
» de sa naissance, de sa fête, etc. »
Que le jeune homme suive ces sages
avis, ce sera sans doute un sujet fort
utile, et je conseillerai même à chaque prince de le placer dans un collège ; mais c'en est fait de son amour; et si c'est un artiste, il a manqué son talent. O mes amis! pourquoi le fleuve du génie se déborde-t-il si rarement? Pourquoi si rarement le voyez-vous soulever ses flots impétueux, et porter des secousses dans vos ames étonnées ? Mes chers amis, les personnages phlegmatiques demeurent sur les deux côtés du rivage ; ils savent que ses inondations détruiroient leurs maisonnettes, leurs

planches de tulipes, leurs potagers, et à force de détourner son cours, et de lui opposer des digues, ils préviennent d'avance le danger qui les menace.

LETTRE IX.
Le 27 Mai.

Je suis tombé, à ce que je vois, dans l'enthousiasme, dans les comparaisons, dans les déclamations, et cela m'a fait oublier de te dire ce que devinrent les deux enfans. Je restai bien deux heures assis sur ma charrue, et enfoncé dans les idées pitoresques, que je t'expose d'une manière assez décousue dans ma lettre d'hier. Sur le soir une jeune femme vint droit aux enfans, qui, pendant tout ce tems-là, ne s'étoient point dérangés. Elle tenoit un panier à son bras. « Philippe, cria-t-elle de loin

» tu es un bon garçon. » Elle me salua ; je lui rendis son salut, me levai, m'approchai d'elle, et lui demandai si elle étoit la mère de ces enfans. Elle me dit qu'oui ; et après avoir donné la moitié d'un petit pain au plus grand, elle prit l'autre dans ses bras, et le baisa avec toute la tendresse d'une mère. « J'ai donné, dit-
» elle, le petit en garde à mon Phi-
» lippe, et j'ai été à la ville avec mon
» aîné, pour y acheter du pain blanc,
» du sucre, et un poëlon de terre ».
(Je vis tout cela dans son panier, dont le couvercle étoit tombé). « Je
» veux faire ce soir une petite soupe
» à Jean, (c'est le nom du petit).
» Le fripon d'aîné me cassa hier
» mon poëlon, en se disputant avec
» le pauvre Philippe pour le gratin
» de la bouillie ». Je demandai où étoit l'aîné ; et elle m'avoit à peine répondu qu'il étoit à courir dans la

plaine après deux oies, qu'il vint à nous en sautant, et apporta au second une baguette. Je continuai de m'entretenir avec cette femme, et j'appris qu'elle étoit fille du maître d'école, et que son mari étoit allé en Suisse, pour y recueillir une succession. « On vouloit, dit-elle, l'en frustrer ; on ne faisoit point de réponse à ses lettres, et il s'est transporté lui-même sur les lieux. Pourvu qu'il ne lui soit rien arrivé : Je n'en reçois point de nouvelles ». Il m'en coûta de me séparer d'elle. Je donnai un crutz à chacun de ses enfans ; j'en donnai aussi un à la mère, pour le petit, en lui disant de lui en acheter, lorsqu'elle iroit à la ville, un petit pain pour sa soupe ; ensuite nous prîmes congé l'un de l'autre.

Je te l'avoue, mon cher ami, lorsque mes sens veulent me maîtriser, j'appaise leur tumulte par la vue d'une semblable créature, qui dans une heureuse insouciance parcourt le cercle étroit de son existence, vit tout doucement au jour le jour, et voit tomber les feuille sans penser à autre chose, sinon que l'hiver approche.

Depuis ce tems-là j'y vais fort souvent. Les enfans sont accoutumés à me voir. Je leur donne du sucre lorsque je prends mon café; et le soir ils partagent avec moi leur beurée et leur lait caillé. Le dimanche leur crutz ne leur manque jamais, et quand je ne m'y trouve pas après vêpres, l'hôtesse a ordre de le payer.

Ils sont familliers, et me font des contes de tout espèce. Je m'amuse particuliérement de leurs passions, et de la simplicité avec laquelle ils laissent voir leurs desirs, lorsque plusieurs enfans du village se rassemblent. J'ai eu bien de la peine à débarrasser

barrasser la mère de cette inquiétude :
» Ils pourroient incommoder, Monsieur ».

LETTRE X.

Le 16 Juin.

D'où vient que je ne t'écris pas ? Tu me fais cette question, toi qui te ranges dans la classe des savans ! Tu devrois présumer que je me trouve bien ; et même :——Bref, j'ai fait une connoissance qui touche de plus près à mon cœur. J'ai——Je ne sais.

J'aurois bien de la peine à te dire par ordre comment j'ai fait la connoissance de la plus aimable créature. Je suis content et heureux, et d'ailleurs mauvais historien.

Un ange ? Fi ! Tout homme en dit autant de sa maîtresse, et cependant je ne suis pas en état de te dire combien elle est accomplie, pourquoi elle est accomplie ; il suffit que tu saches qu'elle a captivé tous mes sens.

Tant de simplicité avec tant d'esprit ; tant de bonté avec tant de fermeté ; et le repos de l'ame au sein de la vie réelle, la vie active.— Tout ce que je dis d'elle n'est qu'un verbiage maussade, que de froides abstractions, qui ne t'en donneroient pas la moindre idée. Une autre fois.—— Non, il faut que je te conte le fait tout de suite. Si je remets, il n'y faut plus penser ; car entre nous, depuis que j'ai commencé cette lettre, j'ai déjà été tenté trois fois de quitter la plume, de faire seller mon cheval, et de partir ; et ce pendant je me suis juré ce matin de ne point sortir aujourd'hui. —— A tout moment je vais à ma fenêtre, pour voir combien le soleil est encore élevé.

Je n'ai pu m'en défendre, il m'a fallu y aller. Me voici de retour, mon cher Guillaume, et je vais faire mon petit repas champêtre en t'écrivant. Quel transport pour mon ame que de voir ces frères et sœurs, ces huit enfans si vifs, si aimables, former un cercle autour d'elle!——

Si je continue sur le même ton, tu n'en sauras pas plus à la fin qu'au commencement. Ecoute donc, je vais tâcher de me contraindre, et d'entrer dans un détail.

Je t'ai marqué dernièrement comme j'avois fait la connoissance du Bailli S... et comme il m'avoit invité à l'aller voir bientôt dans son hermitage, ou plutôt dans son petit royaume. Je négligeois de faire cette visite, et peut-être ne l'aurois-je jamais faite, si le hasard ne m'avoit découvert le trésor que cachent ces tranquilles cantons.

Nos jeunes gens avoient arrangé un bal à la campagne, et je consentis par complaisance à être de la partie. J'engageai une jeune fille d'ici, belle, d'un bon caractère, mais sans conséquence, à y venir ; il fut arrêté que j'aurois une voiture, que je conduirois ma danseuse et sa tante au lieu de l'assemblée, et que je prendrois en chemin Charlotte S...
« Vous allez faire la connoissance
» d'un belle personne », me dit ma compagne, lorsqu'au travers d'un bois éclairci et bien percé, notre voiture nous conduisoit à la maison de chasse. « N'allez pas en devenir amou-
» reux, ajouta la tante.——Pourquoi
» cela ? Elle est déjà promise à un fort
» galant homme, que la mort de
» son père a obligé de faire un voya-
» ge, pour aller mettre ses affaires
» en ordre, et pour solliciter une
» place d'importance ». J'appris ces

particularités avec assez d'indifférence.

Le soleil alloit bientôt se coucher derrière la montagne, lorsque notre voiture arrêta à l'entrée de la cour. Il faisoit extrêmement chaud, et les dames témoignèrent leur inquiétude à cause d'un orage qui sembloit se former dans les nuages grisâtres et sombres qui bordoient l'horizon. Je dissipai leur crainte en affectant une grande connoissance du temps, quoique je commençasse moi-même à me douter que notre partie en seroit dérangée.

J'avois mis pied à terre. Une servante qui vint à la porte, nous pria d'attendre un moment, que Mademoiselle Lolotte ne tarderoit pas à venir. Je passai la cour pour me rendre à cette jolie maison; je montai le perron, et lorsque j'entrai dans l'appartement, mes yeux furent frapés du spectacle le plus touchant que j'aie vu de ma vie. Six enfans, depuis l'âge de deux ans jusqu'à onze, s'empressoient dans la première salle autour d'une jeune personne d'une taille moyenne, mais bien prise, et vêtue d'une simple robe blanche garnie de nœuds de couleur de rose. Elle tenoit un pain bis dont elle coupoit à chacun de ses enfans un morceau proportionné à son âge ou à son appétit. Elle le donnoit d'un air si gracieux! tandis que ceux-ci lui disposoient du ton le plus simple : *grand merci*, en lui tendant leur petite main avant même que le morceau fût coupé. Enfin contens d'avoir leur goûté, ils s'en alloient à la porte de la cour, les uns en sautant, les autres d'une manière plus posée, selon qu'ils étoient d'un caractère plus ou moins vif, pour voir les étrangers, et la voiture qui

devoit emmener leur Lolotte. « Je
» vous demande pardon, me dit-
» elle, de vous avoir donné la peine
» de monter, et de faire attendre
» ces Dames. Occupée de m'habiller,
» et des petits soins de ménage qu'e-
» xige mon absence, j'avois oublié
» de donner à goûter à mes enfans,
» et ils ne veulent pas que personne
» que moi leur coupe leur pain. »
Je lui fis un compliment qui ne signifioit rien. Mon ame reposoit toute
entière sur sa figure, ravie du son
de voix, de ses manières, et je n'eus
que le temps qu'il me falloit pour
prévenir ma défaite, lorsqu'elle courut dans une autre chambre, pour
y prendre ses gants et son éventail.
Les enfans me regardoient de côté
à une certaine distance; je m'avançai
vers le plus jeune qui avoit la physionomie la plus heureuse. Il reculoit
pour m'éviter, lorsque Lolotte qui

parut à la porte, lui dit : » Louis,
» donne la main à ton cousin ». Il
me la donna franchement ; et malgré
son petit nez morveux, je ne pus
m'empêcher de le baiser de tout mon
cœur. « Cousin, dis-je ensuite à
Lolotte, en lui tendant la main,
» croyez-vous que je sois digne du
» bonheur de vous être allié ? » Oh !
me dit-elle avec un souris malin,
» notre cousinage est fort éloigné,
» et je serois fâchée que vous fussiez
» le moins bon de la famille. » En
sortant, elle recommanda à Sophie,
l'aînée des sœurs après elle, une
fille d'onze ans environ, d'avoir bien
soin des enfans, et de saluer le papa
à son retour de la promenade. D'un
autre côté, elle ordonna aux enfans
d'obéir à Sophie, comme à elle-même,
ce que plusieurs lui promirent expres-
sément ; mais une petite blondine,
qui peut avoir six ans, et qui fai-

soit l'entendue, lui dit : « Ce n'est
» pourtant pas toi, ma chère Lo-
» lotte ; nous aimerions mieux que
» ce fût toi ». Les deux plus âgés
des garçons étoient grimpés derrière
la voiture, et Lolotte leur permit,
à ma sollicitation, de nous accompagner ainsi jusqu'à l'entrée du bois,
après leur avoir fait promettre de
bien se tenir, et de ne pas se faire
des niches.

Nous avions eu à peine le temps de
nous arranger, et les dames celui
de se faire les complimens d'usage,
de se communiquer leurs remarques
sur leur ajustement, et sur-tout leurs
petits chapeaux, enfin de passer en
revue toutes les personnes qui devoient composer l'assemblée, lorsque
Lolotte fit arrêter le cocher, et descendre ses frères. Ils la prièrent de
leur donner encore une fois sa main
à baiser. Le premier la lui baisa

avec toute la tendresse d'un jeune homme de quinze ans, pour l'autre, il le fit avec autant de vivacité que d'étourderie. Elle leur dit de saluer les enfans à la maison, et nous con-continuâmes notre route.

» Avez-vous achevé, lui dit la
» tante, le livre que je vous ai prêté
» en dernier lieu? — Non ; il ne
» me plaît pas ; vous pouvez le re-
» prendre. Le précédent ne valoit
» pas mieux ». Je fus bien surpris, lorsque lui ayant demandé quels étoient ces livres, elle me dit que c'étoient... — Je trouvai beaucoup de caractère dans tout ce qu'elle dit ; dans chaque mot je découvrois de nouveaux charmes ; chaque trait de son visage sembloit lancer de nouveaux éclairs de génie, et insensiblement je m'apperçus qu'elle les lachoit avec autant plus de satisfaction, qu'elle voyoit bien que pas un n'étoit perdu pour moi.

» Quand j'étois plus jeune, dit-
» elle, rien ne me plaisoit tant que
» les romans. Dieu sait combien j'é-
» tois contente, lorsque je pouvois
» le dimanche me retirer dans quel-
» que petit coin, pour partager, dans
» toute la sensibilité de mon cœur,
» le bonheur ou l'infortune d'une
» Miss Jenny. Je ne dis pas pourtant
» que ce genre de littérature n'ait
» encore quelque charme pour moi;
» mais puisqu'il m'arrive si rarement
» de pouvoir m'occuper d'un livre,
» au moins faut-il que ceux que je
» lis soient de mon goût. L'auteur
» que j'aime par préférence, est ce-
» lui où je retrouve mon monde, mes
» enfans, et dont les scènes me pa-
» roissent aussi intéressantes, aussi
» touchantes que celles de ma vie
» domestique, qui n'est pas, si vous
» voulez, l'image d'un paradis, mais
» que je regarde au fond comme la

C 6

» source d'un bonheur indicible ».

Je tâchois de cacher l'émotion que me causoient ces mots ; mais cela n'alla pas loin ; car lorsque je l'entendis parler, comme en passant, avec tant de vérité du curé de Wakefield et de plusieurs autres,— alors je perdis contenance, et lui dis tout ce que je devois, et je m'apperçus, après quelques instans, que Lolotte adressa la parole aux autres personnes, qu'elles étoient restées la bouche béante, sans prendre part à la conversation. La tante me regarda plus d'une fois avec un petit air moqueur, dont je ne me mis pas fort en peine.

La conversation tomba sur le plaisir de la danse. « Si cette passion est
» un défaut, dit Lolotte, j'avoue
» de bonne foi que je ne connois rien
» au-dessus. Et quand j'ai quelque
» chose dans la tête, je me mets à

» mon clavecin; quelque discordant
» qu'il soit, je joue une contredan-
» se, et tout va le mieux du monde ».

Comme pendant cet entretien je repassois ma vue de ses beaux yeux noirs; avec quel charme ses levres vermeilles et la fraîcheur de ses joues attiroient toute mon ame! comment, occupé tout entier de la noblesse, de la majesté de ses pensées, il m'arrivoit souvent de ne point entendre les mots dans lesquels elle s'exprimoit! c'est ce que tu peux te figurer, puisque tu me connois. Bref, lorque nous arrêtâmes devant la maison de plaisance, je descendis tout rêveur de la voiture; j'étois même si égaré dans l'espèce de monde fantastique que mon imagination formoit autour de moi, que je fis à peine attention à la musique, qui se faisoit entendre de la salle illuminée, et dont l'harmonie venoit au-devant de nous.

Les deux Audran, et un certain —— (qui peut retenir tous les noms?) qui étoient les danseurs de la tante et de Lolotte, nous reçurent à la porte; ils s'emparent de leurs dames, et je montai avec la mienne.

Nous dansâmes plusieurs menuets; je priois les femmes les unes après les autres; et les plus maussades étoient justement celles qui pouvoient le moins se résoudre à donner la main, et à finir. Lolotte et son cavalier commencèrent une angloise, et tu sens combien je fus content, lorsqu'elle se mit à figurer avec nous. Il faut la voir danser. Elle se livre à la chose de tout son cœur, de toute son ame; tout son corps est une harmonie, et dans un tel abandon, qu'il semble que danser soit tout pour elle, qu'elle ne pense à rien, qu'elle ne sente rien autre chose; et sans doute dans ce moment tout autre objet doit s'anéantir devant ses yeux.

Je la priai pour la seconde contredanse, elle n'accepta que pour la troisième, et m'assura avec la plus aimable franchise, qu'elle dansoit volontiers l'allemande. « C'est ici la
» coutume (continua-t-elle) que
» chaque cavalier ne danse l'alle-
» mande qu'avec la personne qu'il a
» amenée ; le mien la danse mal, et
» me sait bon gré quand je l'en dis-
» pense ; votre dame ne la sait pas
» aussi, et ne s'en soucie guerre ;
» et j'ai remarqué, lorsque vous avez
» dansé l'angloise, que vous tournez
» fort bien ; ainsi si vous voulez
» m'avoir pour l'allemande, allez
» me demander à mon cavalier, tan-
» dis que je parlerai à votre dame ».
J'acceptai ; et il fut arrangé que tandisque nous danserions ensemble, son cavalier entretiendroit ma danseuse.

L'on commença, et nous nous amusâmes d'abord à faire différentes passes. Quelle grace ! quelle agilité dans ses mouvemens ! Lorsque la mesure changea, et que nous nous mîmes à tourner les uns autour des autres comme des sphères, il y eut d'abord quelque désordre, parce que le plus grand nombre dansoit mal ; mais nous fûmes sages ; nous attendîmes qu'ils eussent jetté leur feu ; et lorsque les moins habiles eurent quitté la place, nous nous en emparâmes, et continuâmes avec une nouvelle ardeur secondés d'un autre couple, Audran et sa danseuse. Jamais je ne réussis avec autant de facilité. Je n'étois plus un homme. Tenir cette charmante créature dans mes bras, et voler avec elle comme la foudre ; voir tout disparoitre autour de moi ; et —— Guillaume : pour te parler avec sincérité, je me jurai pourtant que je ne souffrirois jamais qu'une fille que j'aimerois, et sur qui j'aurois des prétentions, dansât cette danse avec un autre que moi, et dussé-je y périr, tu m'entends.

Nous fîmes quelques tours dans la salle, pour reprendre haleine; après quoi elle s'assit. Je coupai les citrons, que j'avois mis de côté, lorsqu'on faisoit le punch, et qui étoient les seuls qui restassent ; je les lui donnai avec du sucre pour la rafraîchir, et ils produisirent un très-bon effet ; seulement à chaque morceau que sa voisine prenoit dans la tasse, je me sentois le cœur percé d'un coup de poigard, quoique par décence je me visse forcé de les lui présenter.

Nous fûmes les seconds à la troisième angloise. Comme nous faisions le tour, et que, transporté de joie, je semblois n'être animé que du mouve-

ment de son bras et de ses yeux, où je voyois l'expression du plaisir le plus sensible et le plus pur; nous nous trouvâmes devant une femme, qu'un certain air aimable répandu sur un visage qui n'étoit plus de la première jeunesse, m'avoit fait remarquer. Elle regarde Lolotte en riant, la menace du doigt, et prononce en passant le nom d'Albert, d'un air très-significatif. «Puis-
» je sans témérité, dis-je à Lolotte,
» vous demander qui est cet Albert»? Elle alloit me répondre, lorsque nous fûmes obligés de nous séparer pour faire la grande chaîne; et lorsque nous nous croisâmes, je crus lui trouver un air pensif. «Pourquoi vous le cacher, me dit-elle en me prenant la main pour la promenade, « Albert est un
» galant homme, à qui je ne suis pas
» moins que promise! » Cette nouvelle n'en étoit pas une pour moi, puisque les dames m'en avoient prévenu

en chemin ; et cependant elle me parut telle, parce qu'occupé tout entier de l'objet, qui, en si peu de temps, m'étoit devenu si cher, je n'y avois point songé. Bref, je me troublai, je m'égarai, je fis une fausse marche qui dérangea toute la danse; et il ne fallut pas moins que la présence de Lolotte, qui nous tira les uns et les autres, pour la remettre promptement en ordre.

La danse n'étoit pas encore finie, que les éclairs que nous voyons briller depuis long-temps à l'horizon, et que j'avois toujours donné pour des éclairs de chaleur, commencèrent à devenir plus forts, et le bruit du tonnerre à l'emporter sur celui de la musique. Trois femmes s'enfuirent de leurs rangs, leurs cavaliers les suivirent ; le désordre devint général, et la musique cessa. Il est naturel, lorsqu'un malheur, ou quelque événement horrible nous surprend dans le plaisir, qu'il fasse sur nous une impression bien plus forte qu'en toute autre temps, soit à cause du contraste, ou plutôt parce que nos sens une fois ouverts à la sensibilité, sont plus subitement et plus vivement affectés. C'est à ces causes que je dois attribuer les étranges grimaces que je vis faire tout-à-coup à la plupart des femmes. La plus sage s'assit aussi dans un coin, le dos tourné vers la fenêtre, et se boucha les oreilles; une autre se jetta à genoux devant elle, et se cacha le visage dans son sein; une troisieme se coula entr'elles deux, et embrassoit ses sœurs en versant des larmes. Quelques-unes vouloient se retirer; d'autres qui savoient encore moins ce qu'elles faisoient, n'avoient pas même conservé assez de présence d'esprit, pour réprimer l'audace de nos jeunes affamés, qui paroissoient fort occupés à dérober sur les levres de ces belles affligées les prières qu'elles destinoient au ciel. Quelques-uns de nos Messieurs étoient descendus pour fumer tranquillement une pipe, et le reste de la société n'en étoit pas fort éloignée, lorsque l'hôtesse s'avisa heureusement de nous montrer une chambre qui avoit des volets et des rideaux. A peine y fûmes-nous entrés que Lolotte se mit à placer des chaises en rond, à faire asseoir la compagnie, et proposa un jeu.

Je vis plusieurs serrer les lèvres et s'étendre, dans l'attente de quelque jeu de gage touché. « Nous jouerons
» à compter, dit-elle. Ecoutez bien.
» Je ferai le tour du cercle en allant
» de droite à gauche, tandis que vous
» compterez depuis un jusqu'à mille,
» en nommant chacun le nombre qui
» lui correspondra : il faut que cela
» aille très-vite; et celui qui hésitera,

» ou qui se trompera aura un soufflet».
Ce fut quelque chose d'assez plaisant.
Elle se mit à tourner avec le bras étendu. Celui par lequel elle commença,
compta un, son voisin deux, le suivant trois, et ainsi de suite. Alors
elle commença à aller insensiblement
de plus en plus vite. Quelqu'un se
trompe, paf, un soufflet. Son voisin
se met à rire, paf, autre soufflet,
en augmentant toujours de vitesse.
J'attrapai moi-même deux taloches,
et je crus, avec un sensible plaisir,
remarquer qu'elle me les appliquoit
plus fort qu'aux autres. Un éclat de
rire général mit fin au jeu, avant
qu'on eût achevé de compter mille.
Les plus intimes se retirèrent alors
en particulier. L'orage avoit cessé,
et je suivis Lolotte dans la salle. «Ces
» soufflets, me dit-elle en chemin,
» leur ont fait oublier orage et tout».
Je ne pus rien lui répondre. « J'étoi,

» continua-t-il, une des plus craintives; mais en affectant du courage, pour en inspirer aux autres, je suis devenue plus hardie ». Nous nous approchâmes de la fenêtre ; le tonnerre grondoit encore dans l'éloignement ; une pluie abondante ruisseloit avec un petit murmure sur les champs, d'où il s'exhaloit un parfum vivifiant, que l'air dilaté par la chaleur nous apportoit par bouffées. Elle se tenoit appuyée sur son coude ; son regard perçoit toute la contrée ; elle leva les yeux au ciel, et les rabaissa sur moi ; je les vis se remplir de larmes ; elle posa sa main sur la mienne en disant : Clopstock ! Je me sentis abymer dans le torrent de sensations qu'elle versa sur moi en prononçant ce seul nom. Je succombai, je m'inclinai sur sa main, que je baisai en versant des larmes de volupté. Je relevai mes yeux sur les siens. —— Auteur sublime, que n'as-tu vu dans ce regard ton apothéose; et puissé-je moi-même n'entendre plus prononcer ton nom si souvent profané !

LETTRE XI.
le 19 Juin.

JE ne sais plus où j'en suis resté dernièrement de mon récit ; ce que je sais, c'est qu'il étoit deux heures après minuit lorsque je me couchai ; et que si au-lieu de t'écrire, j'avois pu t'entretenir de vive voix, je t'aurois peut-être amusé jusqu'au jour.

Je ne t'ai pas raconté ce qui se passa à notre retour du bal, et le jour d'aujourd'hui n'est pas fait pour cela.

Il faisoit la plus belle aurore du monde; l'eau tombant goutte à goutte des arbres, toute la nature sembloit revivre

revivre autour de nous. Nos dames commençoient à s'endormir. Elle me demanda si je ne devois pas être de la partie ; que je ne devois pas me gêner pour elle. « Tant que je verrai » ces yeux ouvers, lui dis-je, (et je » la regardois fixement) il n'y a pas » de danger que je m'endorme ». Nous tînmes bon l'un et l'autre jusqu'à sa porte. La servante lui ouvrit doucement ; et comme elle s'informoit de son père et des enfans, on lui dit que tout étoit tranquille et endormi. Je pris congé d'elle en l'assurant que je la reverrois le jour même. Je lui ai tenu parole ; et depuis ce tems-là le soleil, la lune et les étoiles peuvent faire tranquillement révolutions ; je ne sais plus s'il est jour, ou s'il est nuit ; tout l'univers se perd autour de moi.

D

LETTRE XII.

Le 21 Juin.

JE coule des jours aussi heureux que ceux que Dieu réserve à ses élus; et quelque chose qui m'arrive, je ne puis pas dire que je n'ai pas joui des plaisirs, des plaisirs les plus purs de la vie. Tu connois ma retraite de Wahlheim; j'y suis tout-à-fait établi; je n'ai de-là qu'une demi-lieue pour me rendre chez Lolotte; là je sens mon existence, et tout le bonheur qui a été accordé à l'homme.

L'aurai-je pu penser que ce Wahlheim, que je choisissois pour le but de ma promenade, étoit situé si près du ciel ! Combien de fois dans mes longues courses, tantôt du haut de de la montagne, tantôt du milieu de la plaine, portant mes regards au-delà de la rivière, n'ai-je pas considéré cette maison de chasse, qui est aujourd'hui le centre de tous mes desirs!

Mon cher Guillaume, j'ai fait toutes les réflexions possibles sur ce desir de l'homme, de s'étendre hors de lui-même, de faire de nouvelles découvertes, de se transporter par-tout où il n'est pas ; et d'un autre côté sur ce penchant intérieur qu'il a à se laisser volontairement prescrire des bornes, à suivre machinalement l'ornière de l'habitude, sans se mettre en peine de ce qui se passe à droite ou à gauche.

Il est étonnant, lorsque je vins ici, et que de la colline je contemplois ce beau vallon, comme je m'y sentois attirer de toutes part. Là le bosquet: que ne peux-tu mêler ton ombre à ses ombres ! Là le sommet de la montagne: oh! que ne peux-tu de-là découvrir toute l'étendue du pays ! Là une chaîne de collines interrompue par des vallées solitaires : quel plaisir de pouvoir t'y égarer ! J'y volois ; je revenois sur mes pas, et je n'avois point trouvé ce que j'avois espéré. Ah ! il en est de l'éloignement comme de l'avenir ! Un grand tout ténébreux repose devant notre ame ; le sentiment y vole ! et se fourvoie comme notre œil ; nous brûlons du desir d'y transporter tout notre être, pour le remplir d'une sensation unique de volupté capable d'affecter toutes nos facultés. — Hélas ! après bien des efforts pour y arriver, lorque l'avenir devient présent, tout demeure dans le même état ; nous restons dans notre misère ; même asyle nous environne ; et notre ame soupire en vain après le bonheur qui vient de lui échapper.

C'est ainsi, peut-être, que le vagabond inquiet soupire après sa patrie, et trouve dans son foyer, sur le sein de son épouse, au milieu de ses enfans et des soins qu'exige leur conservation, ce contentement de l'ame, qu'il chercha vainement par toute la terre.

Lorsqu'au lever du soleil, je sors pour me rendre à mon cher Wahlheim, et qu'arrivé au jardin de l'hôtesse je cueille moi-même mes pois, et m'assieds pour en ôter les filamens, tout en lisant mon Homère; lorsque je prends un pot dans la petite cuisine, que je coupe du beurre, mets mes pois au feu, les couvre et m'assieds auprès pour les remuer de tems en tems; c'est alors que je sens bien vivement comment les fiers, les superbes amans de Pénélope pouvoient tuer eux-mêmes dépecer et faire rôtir les bœufs et les pourceaux. Il n'y a rien qui me remplisse d'un sentiment si tranquille, si vrai, que ces traits de la vie patriarchale, que je puis, grace à Dieu, faire entrer sans affectation dans la trame de la mienne.

Que je suis content d'avoir un cœur capable de sentir cette joie simple et innocente d'un homme qui sert sur sa table le chou qu'il a lui-même fait venir, et qui non-seulement jouit de son chou, mais qui se rappelle encore dans un même instant tous les beaux jours qu'il a passés à le cultiver, la belle matinée où il le planta, les douces soirées où il l'arrosa, et où il eut la satisfaction d'en remarquer l'accroissement progressif !

LETTRE XIII.
le 29 Juin.

Avant-hier le médecin de la ville vint chez le bailli, et me trou-

va à terre au mileu des enfans de Lolotte, dont les uns marchoient à
quatre pattes sur moi, tandis que les
autres me pinçoient, que je les cha-
touillois, et que nous faisions tous
ensemble un grand bruit. Le docteur,
espèce de marionnette dogmatique,
qui arrangeoit, en parlant, les plis
de ses manchettes, et tiroit son jabot,
trouva ce lieu au-dessous de la dignité d'un homme sage ; je m'en
apperçus à sa mine. Sans me démon-
ter, je lui laissai débiter les choses
les plus raisonnables, et me mis à
rebâtir le château de cartes des enfans, qu'ils avoient renversé. Aussi
n'a-t-il pas manqué d'aller clabauder
par la ville que les enfans du bailli
étoient déjà assez mal élevés, mais
que Werther achevoit de les perdre.

Oui, mon cher Guillaume, les
enfans, voilà sur la terre ce qui touche de plus près à mon cœur. Lors-

que je les considère, et que je vois dans ces petits êtres le germe de toutes les vertus, de toutes les forces, dont ils auront un jour si grand besoin ; lorsque je vois dans leur opiniâtreté leur future constance, et leur fermeté de caractère ; dans leur pétulence, la gaieté du cœur, l'étourderie avec laquelle ils se glisseront par la suite à travers tous les dangers de ce monde ; quand je vois, dis-je, tous ces germes si entiers, si exempts de corruption, sans cesse je répète ces mots précieux du grand instituteur des hommes ! Si vous ne devenez semblables à un d'eux ! Et cependant mon bon ami, ces enfans, qui sont nos semblables, et que nous devrions prendre pour modèles, nous les traitons comme nos sujets. Ils ne doivent avoir aucune volonté. N'en avons-nous donc aucune ! Et où est notre prérogative ? Parce que nous sommes plus âgés et plus sages? Dieu du ciel, tu vois de vieux enfans, de jeunes enfans, et rien de plus ; et ton fils nous a bien fait connoître lesquels te donnent la plus grande satisfaction. Mais, hélas ! ils croient en lui, et ne l'écoutent point ; c'est encore là une ancienne vérité. Ils modèlent leurs enfans sur eux-mêmes, et —— Adieu, Guillaume, je ne veux pas pousser plus loin cette matière.

TITRE XIV.
Le premier Juillet.

Mon cœur, qui est plus mal que tel qu'une soif ardente consume sur son lit, sent de quelle ressource Lelotte doit être à un malade.

Elle va passer quelques jours à la ville, chez une dame, qui, au dire des médecins, touche au bout de sa carrière, et qui, dans ses derniers momens, veut avoir Lolotte auprès d'elle. J'allai la semaine dernière visiter le curé de St... petit endroit à une demi-lieue d'ici, dans les montagnes. Nous y arrivâmes sur les quatre heures. Lolotte avoit pris sa seconde sœur avec elle. En entrant dans la cour du presbytère, ombragé de deux grands noyers, nous trouvâmes le bon vieillard assis sur un banc devant sa porte. La vue de Lolotte sembla le ranimer; il oublia son bâton, et se hasarda à aller seul au-devant d'elle. Elle courut à lui, l'obligea à se rasseoir en se plaçant elle-même auprès de lui. Elle lui présenta mille saluts de la part de son père, et baisa son marmot, enfant gâté, et fort dégoûtant. Si tu avois vu comme elle amusoit le bon-homme; comme elle haussoit le ton de sa voix, pour le rendre sensible à ses oreilles demi-sourdes;

comme elle lui parloit de jeunes gens robustes, qui étoient morts subitement, de l'excellence de Carlsbad ; comme elle approuvoit sa résolution d'y passer l'été prochain ; enfin comme elle lui trouvoit un visage plus frais, un air plus vif que la dernière fois qu'elle l'avoit vu. Cependant j'avois fait mes civilités à la femme du Curé. Le vieillard commençoit à s'égayer ; et comme je ne pus me retenir de louer les beaux noyers, dont les feuillages nous couvroient si agréablement, il se mit, quoiqu'avec quelque difficulté, à nous en faire l'histoire. « Quant à ce vieux-là, dit-il, nous » ne savons pas qui l'a planté : les » uns disent que c'est ce Curé-ci, » les autres celui-là. Mais ce jeune-» ci est de l'âge de ma femme ; il » aura cinquante ans, vienne le mois » d'octobre. Son père le planta le » matin, et elle vint au monde le

» soir du même jour. Il étoit mon
» devancier dans cette cure, et il
» n'est pas possible de dire combien
» cet arbre lui étoit cher. Il ne me
» l'est pas moins à moi-même : mon
» épouse étoit assise dessous sur une
» poutre, et tricotoit, lorsqu'il y a
» vingt-sept ans, je vins pour la pre-
» mière fois dans cette cour, n'étant
» pour lors qu'un pauvre étudiant. »
Lolotte lui demanda où étoit sa fille;
il lui dit qu'elle étoit allée dans la
plaine avec M. Schmidt, pour voir
les travailleurs; et il continua son
discours, en nous disant comme son
devancier et sa fille l'avoient pris
en amitié; comme il avoit été d'a-
bord son vicaire, et enfin son suc-
cesseur. Il venoit de finir son récit,
lorsque sa fille revint au travers du
jardin avec M. Schmidt; elle reçut
Lolotte avec le plus tendre empressement; et il faut avouer qu'elle ne
me

me déplut pas. C'est une brunette sémillante, bien faite, et qui auroit pu entretenir un honnête homme à la campagne pendant le tems de la cure. Son amant, (car M. Schmidt se présenta d'abord comme tel) est un homme d'une belle apparence, mais taciturne, qui ne voulut jamais se mêler dans la conversation, quoique Lolotte ne cessât de le provoquer ; ce qui me piquoit davantage, c'est que je crus remarquer à son air, que c'étoit moins le défaut d'esprit, que le caprice et la mauvaise humeur, qui l'empêchoient de se communiquer. Malheureusement j'eus bientôt occasion de m'en assurer ; car mademoiselle Frédérique s'étant attachée à Lolotte à la promenade, et se trouvant aussi quelquefois avec moi, le visage du Monsieur, qui étoit naturellement d'une couleur brune, devint si sombre, qu'il étoit tems que que Lolotte me tirât par la manche, et me fît signe d'être moins galant auprès de Frédérique. Rien ne me fait tant de peine que de voir les hommes se tourmenter les uns les autres, mais sur-tout lorsque des jeunes gens dans la fleur de l'âge, quand leur cœur pourroit le plus aisément s'ouvrir à tous les sentimens du plaisir, perdent à des sottises ce peu de beaux jours dont ils ont à jouir, et ne s'apperçoivent que trop tard que cette prodigalité est irréparable. Cette idée me tourmenta; et sur le soir, lorsque de retour au presbytere, nous nous assîmes à une table pour manger du lait, et que la conversation tomba sur la peine et le plaisir de ce monde, je ne pus m'empêcher de saisir l'occasion, et de parler d'abondance de cœur contre l'humeur chagrine. « Nous autres hommes, dis-je, nous

» nous plaignons de ce qu'il y a si
» peu de bons jours, contre tant de
» mauvais, et il me semble que le
» plus souvent nous nous plaignons
» à tort. Si notre cœur étoit tou-
» jours ouvert à la jouissance du bien
» que Dieu nous prépare pour cha-
» que jour, nous aurions aussi assez
» de force pour supporter le mal,
» quand il se présente. — Notre
» cœur n'est pas en notre puissance :
» (dit la femme du Pasteur) que
» de choses dépendent du corps !
» Quand on n'est pas à son aise,
» on est mal par-tout.— (J'en con-
» vins.) Il faut donc, poursuis-je,
» regarder la mauvaise humeur com-
» me une maladie, et voir s'il n'y
» a pas quelque remède pour la gué-
» rir. — (Cela n'est pas mal vu,
» dit Lolotte), je crois au moins
» que nous pouvons beaucoup, et
» je le sais par moi-même ; dès que

» quelque chose m'inquiète, et vou-
» droit me rendre triste, je fais un
» saut, je me promène çà et là
» dans le jardin en chantant un
» couple de contredanse, et adieu
» le chagrin. — C'est ce que je vou-
» lois dire, repartis-je, il en est
» absolument de la mauvaise humeur
» comme de la paresse. Il est une
» sorte de paresse à laquelle notre
» nature est fort encline; cependant,
» lorsqu'une fois nous avons la force
» de nous encourager nous-mêmes,
» nous travaillons du plus grand
» cœur, et nous trouvons un vrai
» plaisir dans l'activité ». Frédérique étoit fort attentive, et le jeune
homme se hasarda à nous dire qu'on
n'étoit pas maître de soi-même, et
qu'on ne pouvoit pas commander à
ses sentimens. « Il s'agit ici, repar-
» tis-je, d'une sensation désagréable,
» dont chacun cherche à se délivrer,

» et personne ne connoît l'étendue
» de ses forces, qu'il ne les ait éprou-
» vées. Assurément un homme ma-
» lade demandera part-tout des me-
» decins, il les écoutera avec la plus
» grande résignation, et ne refusera
» pas de prendre les médecines les
» plus amères, pour recouvrer la
» la santé qu'il desire ». Je remar-
quai que l'honnête vieillard écoutoit
de toutes ses oreilles, pour parti-
ciper à notre conversation ; je haus-
sai la voix en lui adressant la parole.
« On prêche, lui dis-je, contre bien
„ des vices ; mais je n'ai jamais en-
„ tendu qu'on ait prêché en chaire
„ contre la mauvaise humeur. —
„ Ce seroit, dit-il, aux curés des
„ villes à le faire ; les paysans n'ont
„ point d'humeur noire : au reste,
„ peut-être qu'un pareil sermon ne
„ feroit pas mal ici ; ce seroit au
» moins une leçon pour la femme et

» pour le Bailli ». — La compagnie
se mit à rire, et il rit lui-même de
de tout son cœur, jusqu'à ce qu'il lui
prit une toux qui interrompit notre
discours pendant quelques minutes ;
après quoi le jeune homme reprit ainsi :
» Vous avez appellé la mauvaise hu-
» meur un vice ; il me semble que
» c'est exagérer. — Rien moins que
» cela, lui répondis-je, si tout ce qui
» nous unit à nous-mêmes, et à notre
» prochain, mérite ce nom. N'est-
» ce pas assez que nous soyons dans
» l'impossibilité de nous rendre mu-
» tuellement heureux ; faut-il enco-
» re que nous nous dérobions les uns
» aux autres le plaisir que chaque
» cœur peut encore quelquefois se
» procurer à lui-même ? Nommez-
» moi un atrabitaire assez courageux
» pour cacher sa mauvaise humeur,
» pour la supporter seul, au point
» de ne pas troubler la joie qui l'en-

» vironne ; n'est-ce pas plutôt un dé-
» dépit intérieur de notre propre in-
» suffisance , un mécontentement de
» nous-mêmes , auquel se joint tou-
» jours un peu d'envie excitée par
» par une sotte vanité ? Nous voyons
» des gens heureux dont nous ne fai-
» sons pas le bonheur, et cela est in-
» supportable ». Lolotte me regarda
en riant de la chaleur avec laquelle
je parlois ; et une larme que j'aper-
çus dans l'œil de Frédérique , m'ai-
guillonna à poursuivre ». Malheur ,
» dis-je , à ceux qui abusent du pou-
» voir qu'ils ont sur un cœur, pour
» lui dérober les plaisirs simples qui
» germent de lui-même ! Tous les
» dons, toutes les complaisances pos-
» sibles ne nous dédommagent point
» d'un instant de plaisir , dont nous
» aurions joui en nous-mêmes, et où
» l'envie et la conduite désagréable
» de notre tyran ont versé l'amertu-

E 4

» me ». Tout mon cœur étoit plein dans ce moment ; mille souvenirs se pressoient en foule dans mon ame , et les larmes me vinrent aux yeux.

» Celui , m'écriai-je , qui se diroit
» seulement chaque jour: Tu n'as
» d'autre pouvoir sur tes amis que
» de leur laisser leur joie, et d'aug-
» menter leur bonheur, en le par-
» tageant avec eux. Peux-tu, quand
» leur ame est bourrelée par quelque
» passion affligeante , tourmentée
» par la douleur, peux-tu leur pro-
» curer le moindre soulagement ?

» Et lorsque la dernière , l'ef-
» frayante maladie accable cette
» créature, que tu as minée au mi-
» lieu de ses beaux jours; lorsqu'elle
» est couchée dans le plus triste abat-
» tement, que son œil privé de sen-
» timent regarde vers le ciel, que
» la sueur de la mort paroît et dis-
» paroît sur son front , et debout

» auprès de son lit comme un deses-
» péré, tu sens avec douleur que tu
» ne peux rien avec tout ton pou-
» voir, que ton ame serrée est à la
» torture, que tu donnerois tout
» pour faire passer dans cette créa-
» ture qui touche à sa destruction,
» le plus petit restaurant, une étin-
» celle de courage.——»

A ces mots, le souvenir d'une scène semblable à laquelle j'ai été présent vint m'assaillir dans toute sa force. Je mis mon mouchoir devant mes yeux, et quittai la compagnie ; et je ne revins à moi qu'à la voix de Lolotte, qui me dit qu'il falloit partir. Comme elle me querella en chemin sur le trop vif intérêt que je prenois à tout! que j'en serois la victime! que je devois me ménager! O ange du Ciel! il faut que je vive pour toi!

LETTRE XV.

Le 6 Juillet

ELLE est toujours auprès de son amie mourante, toujours la même, toujours cette créature affable et bienfaisante, dont les regards, partout où ils se portent, adoucissent la douleur, et font des heureux. Elle alla hier au soir à la promenade avec Mariane et la petite Amelie. Je le savois, je les rencontrai, et nous allâmes ensemble. Après avoir marché pendant une heure et demie, nous retournâmes vers la ville, à cette source qui m'est si chère et qui me le devint mille fois davantage, lorsque Lolotte s'assit sur le petit mur. Je regardois autour de moi, hélas! et je me rappellai ce tems où mon cœur étoit seul. « Chère fontaine, dis-je,

» il y a long-tems que je ne me repose
» plus à ta fraîcheur, et que pas-
» sant en hâte auprès de tes bords,
» il m'arrive souvent de ne point te
» regarder ». Je jettai les yeux en bas, et j'apperçus Amélie, qui montoit avec beaucoup d'empressement, tenant un verre d'eau. Je regardois Lolotte, et je sentis tout ce que je possédois en elle. Cependant Amélie parut avec son verre; Marianne vouloit le lui prendre; « Non (s'écria cette enfant avec la plus douce expression), ma chère Lolotte, il » faut que tu boives la première ». Je fus si transporté de la vérité, de la bonté de cette exclamation, que je ne trouvai d'autre moyen d'exprimer mon ravissement, que de prendre l'enfant dans mes bras, et de la baiser avec tant de vivacité, qu'elle se mit à crier et à pleurer. « C'est » fort mal fait (me dit Lolotte).

J'étois saisi. « Viens (continua-t-elle, en la prenant par la main, et lui faisant descendre les degrés); la-» ve-toi vite dans cette eau fraîche, » vite, et il ne t'en arrivera rien. » Avec quelle attention je regardois la pauvre enfant se frotter les joues avec ses petites mains mouillées, dans la ferme croyance que cette source miraculeuse l'avoit toute souillure, et lui sauvoit l'affront de se voir pousser une vilaine barbe! comme Lolotte lui disoit : « En voilà assez »; et comme elle continuoit de se laver avec empressement, comme s'il eût mieux valu le faire plus que moins! te le dirai-je, Guillaume? jamais je n'assistai à un baptême avec plus de respect; et lorsque Lolotte remonta je me serois volontiers prosterné devant elle, comme devant un prophète qui vient d'expier les iniquités d'un peuple.

Le soir je ne pus, dans la joie de

mon cœur, m'empêcher de raconter cette petite aventure à quelqu'un, à qui je supposoisle sens commun, parce qu'il a de l'esprit ; mais que j'étois loin de compte! Il me dit que Lolotte avoit eu grand tort ; qu'on ne devoit rien faire accroire aux enfans ; que cela donnoit lieu à une infinité d'erreurs et de superstitions ; qu'on devoit de bonne heure tenir les enfans en garde contre leurs prestiges. Alors je me rappellai qu'il n'y avoit que huit jours qu'il en avoit fait baptiser un des siens ; c'est pourquoi je n'insistai pas davantage, et dans le fond de mon cœur je demeurai fidèle à cette vérité : Nous devons en agir avec les enfans comme Dieu en agit avec nous ; il fait notre plus grand bonheur de nous laisser errer chancelans dans des opinions flatteuses.

LETTRE XVI.

Du 8 Juillet.

Qu'on est enfant ! Pourquoi donc soupirer avec tant d'ardeur après un regard ! Qu'on est enfant ! Nous étions allés à Wahlheim; les dames sortirent en voiture, et pendant notre promenade, je crus voir dans les yeux noirs de Lolotte. —— Je suis un fou; pardonne-le-moi. Il falloit les voir ces yeux ! Que je sois bref, car mes paupières tombent de sommeil. Voilà donc que les femmes montèrent en voiture, autour de laquelle nous étions W..., Selstadt, Audran et moi. L'on causa par la portière, avec ces Messieurs, qui sont assez légers et étourdis. Je cherchois les yeux de Lolotte. Ils se portoient tantôt sur l'un, tantôt sur l'autre. Mais moi, moi! qui étois entièrement, uniquement occupé d'elle, ils ne tomboient point sur moi! Mon cœur lui disoit mille adieux, et elle ne me voyoit point! La voiture passa, et je sentis une larme prête à couler. Je la suivois de l'œil ; je vis la cöëffure de Lolotte sortir de la portière, et elle se retourna pour regarder, hélas! dirai-je moi? Mon ami! je flotte dans cette incertitude. Cela me console. Peut-être s'est-elle retournée pour me voir. Peut-être. — Bonne nuit. O! que je suis enfant!

LETTRE XVII.

Le 10 Juillet.

JE voudrois que tu visses la sotte figure que je fais, lorsqu'on vient à parler d'elle dans la société ; sur-tout quand on me demande si elle me plaît. —— Plaît ! Ce mot me déplaît à la mort. Quel homme ce doit être que celui à qui Lolotte plaît, dont elle ne remplit pas tous les sens, toutes les facultés ! Plaît ! Quelqu'un me demandoit dernièrement si Ossian me plaisoit.

LETTRE XVIII.

Le 11 Juillet.

MADAME M.... est très mal. Je prie pour sa vie, parce que je souffre avec Lolotte. Je la vois rarement chez mon amie ; et elle m'a conté aujourd'hui une aventure surprenante. Monsieur M.... est un vieux ladre, qui a bien tourmenté sa femme, à qui il a rogné les ailes de fort près. Cependant celle-ci a toujours trouvé le moyen de

se soutenir. Il y a quelques jours que le médecin lui ayant déclaré qu'elle ne pouvoit en revenir, elle fit appeller son mari, et lui parla ainsi, en présence de Lolotte : « Il
,, faut que je te confesse une chose
,, qui pourroit être, après ma mort,
,, une source de trouble et de cha-
,, grin. J'ai conduit le ménage jus-
,, qu'ici avec autant d'ordre et d'é-
,, conomie qu'il m'a été possible ;
,, mais, pardonne-le-moi, je t'ai
,, trompé depuis trois ans. Tu ne
,, fixas, au commencement de notre
,, mariage, qu'une somme très-mo-
,, dique pour la table et les autres
,, dépenses de la maison. A mesure
,, que notre ménage est devenu plus
,, considérable, je n'ai pu gagner
,, sur toi que tu augmentasses la
,, somme que tu me donnois pour
,, chaque semaine, et que dans le
,, tems de nos plus fortes dépenses,

„ tu exigeas qu'elle ne passât pas
„ un florin par jour. Je l'acceptai
„ sans replique, et pris chaque se-
„ maine l'excédent de ma dépense
„ dans le coffre à la monnoie, bien
„ assurée qu'on ne soupçonneroit ja-
„ mais une femme de voler la caisse
„ de son mari. Je n'ai rien prodigué,
„ et je serois même passée sans au-
„ cun remords à l'éternité ; si je te
„ fais cet aveu, c'est donc afin que
„ celle qui doit conduire la maison
„ après moi ne pouvant se soutenir
„ avec le peu que tu donneras, tu
„ ne sois pas dans le cas de lui ob-
„ jecter sans cesse que ta première
„ s'en est contentée ».

Je réfléchis avec Lolotte sur cet avenglement incroyable de l'humanité, qui fait qu'un homme ne soupçonne aucun manége dans une femme qui fait face à tout avec six florins, quand il voit peut-être pour le triple de dépense. Au reste, j'ai connu des gens qui vous auroient soutenu sans étonnement qu'ils possédoient chez eux la cruche d'huile inépuisable du prophète.

LETTRE XIX.

Le 13 Juillet.

Non, je ne me trompe point ! je lis dans ses yeux l'intérêt qu'elle prend à ma personne et a mon sort. Oui, je sens, et en cela je dois m'en fier à mon cœur, qu'elle —— oserai-je proférer ce mot, qui est pour moi le bonheur du ciel ! je sens qu'elle m'aime.

Est-ce témérité, ou bien le sentiment intérieur de la réalité ? Je ne connois point d'homme dont je puisse craindre quelque chose dans le cœur de Lolotte. Et cependant —— lorsqu'elle parle de son prétendu avec toute la chaleur, tout l'amour possible, je me trouve dans l'état d'un homme que l'on dégrade de noblesse, que l'on dépouille de ses charges, et que l'on force à rendre son épée.

LETTRE XX.
Le 16 Juillet.

OH ! quel sentiment passe dans toutes mes veines, lorsque par hasard mon doigt vient à toucher le sien, lorsque nos pieds se rencontrent sous la table ? Je les retire comme du feu, et une force secrète m'en rapproche malgré moi, tant est grand le délire qui s'empare de tous mes sens. Hélas! son innocence, la liberté de son ame, ne lui permettent pas de sentir les tourmens que ces petites privautés me font souffrir ; sur-tout lorsque dans la conversation elle pose sa main sur la mienne, et que dans l'intérêt qu'elle prend à l'entretien, elle s'approche assez de moi pour que le souffle céleste de sa bouche puisse atteindre mes lèvres. —— Il me semble que je vais en être anéanti, comme un homme frappé de la foudre. Et : Guillaume, cette félicité céleste, cette confiance, si jamais je m'avise. —— Tu m'entends. Non, mon cœur n'est pas si corrompu. Il est foible! Assez foible! Mais, n'est-ce pas là la corruption.

Elle est sacrée pour moi. Tout desir s'évanouit en sa présence. Je ne sais jamais dans quel état je me trouve, quand je suis auprès d'elle; c'est comme si l'ame se renversoit dans tous mes nerfs. Elle a un air qu'elle joue sur le clavecin avec toute l'énergie d'un ange; il est si simple, si plein d'expression! C'est son air favori, et il dissipe toutes mes peines, mes troubles, mes chagrins, lorsqu'elle en joue seulement la première note.

Je suis si affecté de ce chant tout simple, que rien de ce qu'on nous dit de la magie de la musique des anciens, ne me paroît choquer la vraisemblance. Comme elle sait l'amener dans des momens où je serois homme à me casser volontiers la tête ; alors le trouble, les ténèbres de mon ame se dissipent, et je respire avec plus de liberté.

LETTRE XXI.

Le 18 Juillet.

GUILLAUME, qu'est-ce que le monde pour notre cœur, sans l'amour ? Ce qu'est une lanterne magique sans lumière ! A peine y introduisez-vous la bougie, que votre muraille se peint d'abord des images bigarrées qu'elle représente. Et quand il n'y auroit pas autre chose que ces fantômes passagers, encore font-ils notre bonheur, lorsque nous le tenons là comme de jeunes éveillés, et que nous nous sentons ravis, transportés à la vue de ces apparitions merveilleuses. Je n'ai pu aller aujourd'hui chez Lolotte, une compagnie que je n'ai pu éviter, m'en a empêché. Que faire? J'y ai envoyé mon garçon, seulement pour avoir avec moi quelqu'un qui eût été aujourd'hui auprès d'elle. Avec quelle impatience je l'ai attendu! Avec quelle joie je l'ai revu! Je l'aurois pris volontiers par la tête, et baisé, si une mauvaise honte ne m'avoit retenu.

On dit de la pierre bononique, que quand on l'expose au soleil, elle en attire les rayons, et peut éclairer une partie de la nuit. Il en étoit ainsi pour moi du jeune homme : l'idée que les yeux de Lolotte s'étoient reposés sur son visage, ses joues, les boutons et le collet de son surtout, me rendoit tout cela si sacré, si précieux, que dans ce moment je n'aurois pas donné le petit drôle pour mille écus. J'étois si aise d'être avec lui ! —— Dieu te préserve d'en rire, Guillaume ! peut-on appeller cela des chimères, quand nous sentons tant de joie.

LETTRE XXII.
Le 19 Juillet.

JE la verrai, m'écriai-je le matin, lorsque m'éveillant dans toute la sérénité de l'ame, je porte mes regards vers le soleil. Je la verrai, et il ne me reste plus d'autre souhait pour le reste de la journée. Tout s'absorbe dans cette perspective.

LETTRE XXIII.

Le 20 Juillet.

Votre idée que je devrois partir avec l'ambassadeur de ***, ne sera pas encore la mienne. Je n'aime pas autrement la dépendance, et nous savons tous que cet homme est d'ailleurs fort rebutant. Ma mère, dis-tu, voudroit me voir occupé ; cela me fait rire : ne suis-je pas déjà actif ? Et dans le fond, n'est-il pas indifférent que je compte des pois ou des lentilles ? Tout dans ce monde se termine à des misères ; et celui qui pour les autres, et sans y être porté par sa propre passion, se tracasse pour de l'argent, pour l'honneur, ou pour tout ce qu'il vous plaira, est toujours un fou.

LETTRE XXIV.

Le 24 Juillet.

Puisque tu t'intéresse si fort à ce que je ne néglige pas mon dessein, je ferois mieux de ne t'en point parler du tout, que de te dire que, depuis long-tems, je fais très-peu de chose.

Jamais je ne fus plus heureux, jamais je ne fus plus intimement, plus fortement pénétré du sentiment de la nature, jusqu'au caillou, jusqu'à un brin d'herbe ; et cependant —— je ne sais comment m'exprimer ; mon imagination est si affoiblie ! tout nage et chancelle devant mon ame, au point que je ne puis saisir aucun contour ; il me semble pourtant que, si j'avois de l'argile, ou de la cire, je modèlerois bien ce que je sens. Si cela dure, je prendrai de la terre, et je la pétrirai, dussé-je ne faire que des lampions.

J'ai commencé trois fois le portrait de Lolotte, et trois fois j'ai eu l'affront de le manquer ; ce qui me fâche d'autant plus, qu'il n'y a pas bien long-tems que j'attrapois très-heureusement la ressemblance ; en conséquence, j'ai fait son portrait à la silhouette, et cela me suffira.

LETTRE XXV.
Le 26 Juillet.

Je me suis déjà promis bien des fois de ne la pas voir si souvent. Mais qui pourroit tenir cette promesse ? Chaque jour je succombe à la tentation, en me promettant sincèrement de n'y point aller le lendemain ; et lorsque le lendemain arrive, je trouve encore une raison irrésistible ; et avant que j'y pense, je me trouve chez elle. Où elle m'aura dit le soir : on vous verra demain ? —— Qui pourroit après cela, n'y pas aller? Ou bien le jour est trop beau ; Je vais à Wahlheim ; et puis, quand je suis là, il n'y a plus qu'une demie lieue jusqu'à son logis ! Je suis trop avancé dans son atmosphère ; zeste ! je m'y trouve. Ma grand'mère avoit un certain conte de la montagne d'aimant. Les vaisseaux qui s'en approchoient de trop près, se trouvoient tout-à-coup dégarnis de leurs ferrures; les clous voloient vers la montagne ; et les malheureux matelots s'abymoient entre les planches écroulées les unes sur les autres.

LETTRE XXVI.

Le 30 Juillet.

ALBERT est arrivé; je m'en irai, fût-il le plus excellent, le plus noble de tous les hommes, quand je conviendrois même que je lui suis inférieur à tous égards, il me seroit impossible de le voir posséder devant moi tant de perfections. Posséder! —— Il suffit, Guillaume, le prétendu est arrivé. C'est un bon et honnête garçon, qu'on ne peut haïr. Heureusement je ne fus pas présent à sa réception! elle m'eût déchiré le cœur. D'ailleurs il est si honnête, qu'il n'a pas encore embrassé Lolotte une seule fois en ma présence. Dieu le lui rende. Que je lui sais bon gré du respect qu'il a pour elle! Il me veut du bien, et je présume que c'est l'ouvrage de Lolotte ; plutôt que l'effet de sa propre inclination; car les femmes sont toujours délicates en cela, et elles ont raison. Quand elles peuvent entretenir deux hommes en bonne intelligence, quelque rare que cela soit, le profit en est toujours pour elles.

Du reste, je ne puis refuser mon estime à Albert; son extérieur tranquille contraste parfaitement bien avec la turbulence de mon caractère, qu'il m'est impossible de cacher; il est fort sensible, et sait ce qu'il possède en Lolotte. Il paroît fort peu sujet à la mauvaise humeur; et tu sais que c'est le péché que je hais dans un homme, plus que tous les autres.

Il me regarde comme un homme de bon sens; et mon attachement pour Lolotte, le vif intérêt que je prends à toutes ses actions, augmente son triomphe; il ne l'en aime que davantage. Je n'examine point s'il ne la tourmente pas dans le particulier, par quelques petits mouvemens de jalousie : à sa place je ne serois pas trop assuré ; et je craindrois bien que le diable ne me jouât quelque tour.

Quoi qu'il en soit, la joie que j'avois à être auprès de Lolotte, a disparu. Dirai-je que c'est folie ou aveuglement ? —— Qu'importe le nom ? la chose s'explique d'elle-même. —— Je savois, avant l'arrivée d'Albert, tout ce que je sais aujourd'hui ; je savois que je ne devois avoir aucune prétention sur elle, et je n'en avois aucunes —— s'entend, s'il est possible de ne sentir aucun desir auprès de tant de charmes. —— A peine l'autre paroit effectivement, et enlève la belle, que voilà le nigaud resté avec de grands yeux et un air stupide.

Je grince les dents en dépit de ma

misére ; et je me dépiterois doublement, triplement contre ceux qui me diroient que je dois prendre mon parti, et que, puisque la chose ne sauroit être autrement. —— Au diable les raisonneurs ! —— Je rode dans les bois ; et quand je m'approche de Lolotte, que je vois Albert assis auprès d'elle sous le berceau du petit jardin, et que je ne puis aller plus loin, il me prend une joie qui tient de la folie, et je leur fais mille tours et mille singeries. « Au nom de Dieu, » m'a-t-elle dit aujourd'hui, plus de » scènes comme celle d'hier au soir. » Vous êtes effrayant quand vous » êtes si gai. » Entre nous, j'épie le tems où il a affaire, je ne fais qu'un saut jusques chez elle, et je suis toujours content lorsque je la trouve seule.

LETTRE XXVII.
Le 8 Août.

DE grace, cher Guillaume, crois que je ne t'avois point en vue, lorsque j'aurois : *au diable les raisonneurs !* Je ne pensois pas alors que tu dusses être du même sentiment. Au fond, tu as raison. Un mot seulement. Mon ami, dans le monde, rarement nos affaires dépendent-elles d'une alternative. Il y a autant de nuances entre les sentimens et les façons d'agir, que de gradations entre un nez plat et un nez aquilin.

Tu ne trouveras pas mauvais si, en te concédant ton argument tout entier, je tâche aussi de me sauver à travers les alternatives.

Ou tu as quelques espérances sur Lolotte, me dit-tu, ou tu n'en as aucune. Bon ! dans le premier cas, cherche à la remplir, cherche à embrasser tout ce qui peut tendre à l'accomplissement de tes desirs. Dans le second cas, ranime ton courage, et cherche à te délivrer d'un sentiment funeste, qui ne peut que consumer tes forces. —— Mon cher, cela est bien dit, et —— bientôt dit.

Peux-tu exiger d'un malheureux, qui, en proie à une maladie de langueur, voit sa vie se consumer insensiblement ; peux-tu exiger de lui qu'il termine tout de suite son tourment par un coup de poignard ; et le mal qui détruit ses forces, ne lui ôte-t-il pas en même tems le courage de s'en délivrer ?

Il est vrai que tu pourrois me répondre par une comparaison analogue à ce que je dis : quel est l'homme qui n'aimeroit pas mieux se laisser couper le bras, si en balançant à le faire, il mettoit sa vie en danger ?

Je ne sais. — Mais nous ne voulons pas nous piquer par des comparaisons. Bref. — Oui, Guillaume, j'ai quelquefois de ces momens, où il me prend des élans de courage pour secouer mes maux ; et si alors je savois où aller, j'irois bien volontiers.

LETTRE XXVIII.
Le 10 Août.

Je ne pourrois mener la vie plus douce et la plus heureuse, si je n'étois pas un fou. Il n'est pas aisé de trouver, pour réjouir le cœur d'un homme, le concours de circonstances aussi favorables que celles où je me trouve actuellement. Tant il est vrai, hélas ! que notre cœur fait seul son bonheur. Etre un des membres de cette aimable famille, aimé des parens comme un fils, des

petits enfans comme un père, de
Lolotte. —— Et cet honnête Albert,
qui ne trouble mon bonheur par
aucune boutade, qui m'embrasse avec
l'amitié la plus cordiale, et pour qui
je suis, après Lolotte, ce qu'il a de
plus cher au monde. —— Guillaume,
c'est un plaisir de nous entendre,
lorsque nous allons à la promenade,
et que nous nous entretenons de
Lolotte ; on n'a jamais rien imaginé dans le monde de si plaisant que
notre situation ; et cependant elle me
fait souvent venir les larmes aux
yeux.

Quand il me parle comme cela de
sa digne mère, et qu'il me conte
comme étant au lit de la mort, elle
remit sa maison et ses enfans à Lolotte ; comme elle lui recommanda
à lui-même ; comme depuis ce temps-
là elle est animée d'un tout autre
esprit, comme elle a pris à cœur le soin

du

du ménage, et s'est rendue une véritable mère ; comme tous ses instans sont marqués par quelques preuves de son amitié, ou quelques productions de son travail ; et comme, malgré tout cela, elle a su conserver toute sa vivacité et son enjouement ; je marche à son côté ; je cueille des fleurs qui se rencontrent sur mon passage : je les assemble avec beaucoup de soin en forme de bouquet ; puis —— je les jette dans la rivière qui coule aux environs, et je m'arrête à les voir s'enfoncer insensiblement. Je ne sais si je t'ai écrit qu'Albert reste ici, et qu'il va obtenir de la cour, où il est fort aimé, un emploi d'un joli revenu. J'ai vu peu de personnes qu'on puisse lui comparer pour l'ordre et l'application dans les affaires.

G

LETTRE XXIX.

le 12 Août.

EN vérité, Albert est le meilleur homme qui soit sous le ciel ; j'eus hier une scène singulière avec lui. J'étois allé chez lui pour prendre congé ; car il m'avoit pris envie, pour changer, de me promener à cheval sur la montagne, d'où je t'écris même aujourd'hui. Comme j'allois et venois dans sa chambre, j'apperçus ses pistolets : « Prête-moi, lui dis-
» je, ces pistolets, pour mon voya-
» ge. — De tout mon cœur, si tu
» veux bien prendre la peine de les
» charger, car pour moi je les ai
» seulement pendus ici *pro formâ*.
» (J'en pris un ; Albert continua) :
» Depuis le mauvais tour que m'a
» joué ma prévoyance, je ne veux
» plus avoir rien à démêler avec cette

» arme. » Je fus curieux de savoir cette histoire. « J'ai bien resté, me
» dit-il, l'espace de six mois à la
» campagne chez un de mes amis;
» j'avois une paire de pistolets non
» chargés, et je dormois sans inquié-
» tude. Je ne sais pourquoi une
» après-dinée qu'il faisoit mauvais
» tems, et que j'étois assez désœu-
» vré, il me vint dans l'esprit qu'on
» pourroit bien nous attaquer, que
» nous aurions besoin de pistolets, et
» que nous pourrions. —— Mais, tu
» connois cela. Je les donnai au do-
» mestique, et lui dis de les nettoyer
» et de les charger. Il badine, et veut
» faire peur à la fille. Je ne sais par
» quel accident le pistolet part, lance
» la bagette, qui étoit dans le canon,
» dans la main de la servante, et lui
» casse le pouce. J'en fus pour les do-
» léances, et de plus pour les frais du
» chirurgien. Depuis ce tems-là je lais-

» se toutes mes armes déchargées——
» Mon ami, qu'est-ce que la pré-
» voyance? Le danger ne se laisse
» point approfondir. » —— Cependant tu dois savoir comme j'aime cet homme jusqu'à ses *Cependant*. En effet, cela ne s'entend-il pas de soi-même, que toute regle générale a ses exceptions ? Mais il est si juste, si loyal, que quand il croit avoir dit une chose hasardée, trop générale ou douteuse, il ne cesse de limiter, modifier, ajouter et retrancher, jusqu'à ce qu'enfin il ne reste plus rien de la these en question. L'occasion étoit belle ; il s'enfonça fort avant dans le même texte, au au point que je ne l'écoutai plus ; je tombai dans une espèce de rêverie ; puis me levant comme en sursaut, j'appuyai le bout du pistolet sur mon front au-dessus de l'œil droit. « Fi » donc », dit Albert, en me reti-

rant le pistolet ! « Qu'est-ce que cela
» veut dire ? —— Il n'est point char-
» gé. —— Qu'importe ? Qu'est-ce
» que cela veut dire ? (répliqua-
t-il d'un ton d'impatience). Je ne
» puis me figurer comment un hom-
» me peu être assez fou pour se cas-
» ser la tête. La seule pensée m'en
» fait horreur.

» Hommes que vous êtes, m'é-
» criai-je, ne pouvez-vous donc
» parler de rien, sans dire d'abord :
» ceci est fou, et cela sage ; ceci
» bon, et cela mauvais ? Qu'est-ce
» que tout cela signifie ? Avez-vous
» pour cela examiné les motifs se-
» crets d'une action ? Savez-vous dé-
» mêler avec précision les causes
» pourquoi elle s'est faite, et pour-
» quoi elle devoit se faire ? Si vous
» le saviez, vous seriez moins préci-
» pités dans vos jugemens.

» Tu m'accorderas, dit Albert,

» qu'il y a certaines actions qui sont
» toujours vicieuses, quels qu'en
» soient les motifs ».

J'en convins en haussant les épaules. » Cependant, mon ami, continuai-je, cette regle a aussi quelques exceptions. Il est vrai que le vol est un vice; mais un homme qui pour se sauver lui et les siens de l'horreur de mourir de faim, sort pour marauder, est-il digne de pitié ou de punition ? Qui osera lever la première pierre contre le mari, qui, dans le transport d'une juste colère, immole une épouse infidelle, et son indigne séducteur ? contre la jeune fille, qui, dans l'instant d'un voluptueux délire, se perd dans les plaisirs fougueux de l'amour, nos loix mêmes, ces froids pédans, se laissent toucher, et suspendent le glaive de la justice.

« C'est toute autre chose, répli-
» qua Albert, puisqu'un homme que
» ses passions entrainent, perd ab-
» solument l'usage de sa raison, et
» qu'on le regarde comme un hom-
» me ivre, ou un frénétique. O hom-
» mes raisonnables, m'écriai-je en
» souriant ! ô passion ! ivresse ! fré-
» nésie ! vous voyez tout cela avec
» indifférence, sans aucun intérêt.
» Gens de bonnes mœurs, vous blâ-
» mez l'ivrogne, vous regardez l'in-
» sensé avec horreur ; vous passez
» outre comme le prêtre, et remer-
» ciez Dieu, comme le pharisien, de
» ce qu'il ne vous a pas faits comme
» un de ces gens-là. Je me suis vu
» ivre plus d'une fois, et mes passions
» n'ont jamais été fort éloignées de
» la frénésie ; mais je ne m'en repens
» pas, puisque j'ai appris dans ma
» sphère à concevoir pourquoi l'on
» a toujours décrié comme ivre et

» frénétique, tout homme extraor-
» dinaire qui opéroit quelque chose
» de grand, ou qui paroissoit im-
» possible.

» Et même dans la vie ordinaire il
» est insupportable d'entendre dire
» d'un homme qui fait une action
» tant soit peu honnête, noble, ou
» inattendue : « cet homme est ivre
» ou fou. O hommes qui n'êtes ni
» ivres, ni fous, rougissez » ! Voilà
» encore de tes extravagances (dit
» Albert): Tu outres tout ; et au
» moins est-il sûr que tu as tort ici
» de comparer aux grandes actions
» le suicide dont nous parlons, et
» qu'on ne peut regarder que com-
» une foiblesse ; car enfin il est plus
» aisé de mourir, que de supporter
» avec constance une vie remplie de
» tourmens ».

Peu s'en fallut que je ne rompisse
la conversation ; car rien ne me met

hors de moi-même, comme de voir un homme m'oposer un lieu commun qui ne signifie rien, lorsque je parle de l'abondance du cœur. Je me contins cependant, car ce n'étoit pas la première fois que j'avois entendu raisonner de la sorte, et que j'en avois été indigné. Peux-tu bien traiter cela de foiblesse ? lui repliquai, avec un peu de vivacité. «Eh ! ne te laisse point » séduire par l'apparence. Qu'un peu- » ple gémisse sous le joug insup- » portable d'un tyran : peux-tu, si » les esprits fermentent, et qu'il se » soulève et brise ses chaînes, peux- » tu appeller cela une foiblesse ? Un » homme qui dans l'effroi que lui » cause le feu qui vient de prendre à » sa maison, sent toutes ses forces » tendues, et emporte sans peine des » fardeaux, que peut-être il n'au- » roit pu remuer dans le calme de » ses sens ; celui qui, furieux de se

» voir insulter, attaque six adver-
» saires, et vient à bout de les vain-
» cre, peuvent-ils être accusés de
» foiblesse ? Si celui qui peut bander
» un arc est fort, pourquoi celui qui
» le rompt, méritera-t-il le nom
» contraire » ? Albert me regarda
fixement, et me dit : « Avec ta per-
» mission, il me semble que les
» exemples que tu apportes, ne con-
» viennent point ici ? —— Cela peut
» être ; on m'a déjà reproché plus
» d'une fois que ma logique appro-
» che souvent du radotage. Voyons
» si nous ne pourrons pas d'une au-
» tre manière nous représenter quel
» doit être le sentiment d'un homme
» qui se détermine à jetter le far-
» deau de la vie en toute autre oc-
» casion si agréable à porter; car
» ce n'est qu'autant que nous sen-
» tons la chose même, que nous pou-
» vons en raisonner pertinemment ».

« La nature humaine, poursuivis-je, a ses bornes; elle peut supporter la joie, la douleur, la tristesse jusqu'à un cerain degré ; si elle le passe, elle succombe. »

« La question n'est donc pas de savoir si un homme est fort ou foible, mais bien s'il peut supporter la mesure de ses maux; il est indifférent que ce soit moral ou physique, et il me paroît aussi étonnant de dire que cet homme est un lâche, qui se prive de la vie, qu'il seroit déraisonnable de donner ce nom à celui qui meurt d'une fiévre maligne. »

« Paradoxe! très-paradoxe! s'écria Albert. — Pas autant que tu l'imagines. Tu conviendras que nous appellons mortelle, toute maladie dont la nature est tellement saisie, que toutes ses forces épuisées, et n'ayant plus elle-même

» aucune activité, elle se trouve
» hors d'état de s'aider, et d'opérer
» aucune heureuse révolution, pour
» rétablir le cours ordinaire de la vie.

» Eh bien, mon cher! faisons la
» même application à l'esprit. Vois
» cet homme dans ses bornes étroi-
» tes, comme les impressions agis-
» sent sur lui, comme les idées se
» fixent dans son esprit, jusqu'à ce
» qu'il s'élève dans son cœur une
» passion dont les progrès le privent
» de la saine raison, et finissent par
» l'atterrer.

» C'est en vain qu'un homme rai-
» sonnable et de sang-froid contem-
» ple la situation du malheureux ;
» c'est en vain qu'il tâche de lui ins-
» pirer du courage ; semblable à
» l'homme en santé qui se tient au-
» près du lit d'un malade, et qui ne
» sauroit lui faire passer la plus pe-
» tite partie de ses forces ».

Albert trouva que je généralisois trop mes idées ; je lui rappellai une jeune fille qu'on avoit depuis peu trouvée morte dans l'eau, et je lui contai son histoire. « Une jeune et
» innocente créature, qui avoit été
» élevée dans le cercle étroit des
» soins domestiques et du travail qui
» l'occupoit toute la semaine, qui
» n'avoit en vue d'autre plaisir que
» de se parer quelquefois le diman-
» che des habits qu'elle se donnoit
» de ses épargnes, pour se promener
» avec ses compagnes autour de la
» ville ; peut-être de danser une fois
» toutes les bonnes fêtes, et qui du
» reste passoit quelques heures à ca-
» queter avec une voisine, sur le su-
» jet d'une dispute ou d'une médi-
» sance ; à qui un tempérament vif
» fait enfin sentir des besoins plus
» pressans que les flatteries des hom-
» mes augmentent, trouve insensi-

» blement tous ses premiers plaisirs
» insipides ; bientôt elle rencontre
» un homme vers lequel un senti-
» ment inconnu l'entraîne malgré
» elle ; elle fonde sur lui toutes ses
» espérances ; elle oublie tout le
» monde ; elle n'entend rien, ne
» voit rien que lui, n'aspire qu'à lui
» seul. Non corrompue par les vains
» plaisirs de l'inconstance, ses desirs
» tendent droit au but : elle veut de-
» venir son épouse ; elle prétend
» trouver dans une union éternelle
» le bonheur qui lui manque ; elle
» veut y goûter l'assemblage de tous
» les plaisirs qu'elle souhaite avec
» ardeur. Promesses réitérées, qui
» semblent mettre le sceau à ses es-
» pérances ; caresses hardies, qui
» augmentent l'ardeur de ses feux,
» assiégent toutes les avenues de son
» ame ; elle nage, pour ainsi dire,
» dans le sentiment anticipé de tous

» les plaisirs ; le trouble de ses sens
» est à son comble, et elle étend en-
» fin les bras pour y recevoir l'objet
» de tous ses desirs. —— Son amant
» l'abandonne. —— Transie, éper-
» due, elle se trouve sur le bord
» d'un précipice ; tout ce qui l'envi-
» ronne n'est que ténèbres ; nulle
» perspective, nulle consolation,
» nul pressentiment ; elle est aban-
» donnée du seul être qui lui faisoit
» sentir son existence. Elle ne voit
» point le vaste univers qui est de-
» vant ses yeux ; elle ne voit point
» mille personnes qui pourroient l'in-
» demniser de ce qu'elle a perdu.
» Elle ne sent qu'elle seule, qu'elle
» seule délaissée de tout le monde.
» —— Aveuglée, accablée de l'état
» horrible de son cœur, elle se pré-
» cipite, pour étouffer ses tourmens
» dans le sein de la mort. Tu vois,
» Albert, dans ce tableau, l'histoire

» de plus d'un malheureux : eh
» bien ! n'est-ce pas le cas de la
» maladie ? La nature ne trouve au-
» cune issue pour se tirer du laby-
» rinthe des forces multipliées qui
» agissent contre elles ; et il faut
» que l'homme meure.

» Malheur à celui qui diroit en la
» voyant : L'insensée ! si elle eût
« attendu, si elle eût laissé agir le
» tems, son désespoir se seroit ap-
» paisé, et bientôt elle eût trouvé
» un consolateur.

» C'est comme si l'on disoit : L'in-
» sensé ! il meurt d'une fièvre ! s'il
» eût attendu que ses forces se fus-
» sent rétablies, que ses humeurs se
» fussent corrigées, et que le tu-
» multe de son sang se fût appaisé,
» tout auroit bien été, et il vivroit
» encore aujourd'hui ».

Albert, qui ne trouva pas que la
justesse de la comparaison sautât aux

yeux, allégua encore plusieurs choses, entre autres, que je n'avois parlé que d'une simple fille ; mais qu'il ne concevoit pas comment on pouvoit excuser un homme d'esprit, qui étoit moins borné, et qui découvroit d'un coup d'œil plus de combinaisons et de rapports. « Mon ami ! m'écriai-
» je, l'homme est homme, et le peu
» d'esprit qu'on a ne peut guere se
» mettre en ligne de compte, quand
» une passion fait les plus grands ra-
» vages, et qu'on se trouve serré
» dans les bornes de l'humanité. Bien
» plus ». —— Nous parlerons de cela une autre fois, lui dis-je en prenant mon chapeau. Mon cœur, hélas ! étoit si plein ! Nous nous quittâmes sans nous être entendus l'un l'autre, comme dans ce monde il est bien rare qu'on s'entende.

LETTRE XXX.

Le 15 Août.

Il est pourtant vrai que rien dans le monde ne rend les hommes nécessaires comme l'amour. Je sens en Lolotte qu'elle me perdroit avec peine ; et les enfans n'ont d'autre idée, sinon que je viendrai toujours le lendemain. J'y étois allé aujourd'hui pour accorder le clavecin de Lolotte; mais je n'ai pu en venir à bout : les enfans m'ont persécuté pour avoir un conte de fée : et Lolotte a voulu elle-même que je les contentasse. Je leur ai coupé leur goûter, qu'ils reçoivent actuellement de moi aussi volontiers que de Lolotte, et je leur ai conté le premier chapitre de la princesse servie par des mains. J'apprends beaucoup, je t'assure, dans ces narrations, et je suis surpris de l'impression qu'elles font sur eux. Quand il faut que je me rappelle quelqu'incident, que j'oublie à la seconde fois, ils me disent : « Ce n'étoit pas l'autre fois la même chose »; si bien que je m'habitue à présent à réciter mes histoires d'une manière invariable : en affectant certaines chûtes cadencées et suivies. J'ai vu par-là comment un auteur, qui donne une seconde édition de son histoire avec des changemens, fût-elle poétiquement meilleur, fait nécessairement du tort à son livre. Nous nous prêtons volontiers à la première impression, et l'homme est fait de manière qu'on peut lui persuader les choses les plus extraordinaires ; et elles s'attachent si fortement dans son esprit, que malheur à quiconque voudroit les détruire, ou les effacer.

LETTRE XXXI.
Le 18 Août.

Falloit-il donc que cela fût ainsi, que ce qui constitue le bonheur de l'homme, ; ût devenir la source de sa misère ? Cette sensibilité si vive ; si expansive de mon cœur pour la nature animée, qui m'inondoit comme d'un torrent de volupté, et qui créoit du monde un paradis autour de moi, s'est changée en un bourreau cruel, en un esprit qui me tourmente et me poursuit par-tout.

Lorsqu'autrefois du haut du rocher je portois mes regards au-delà de la rivière, pour contempler la vallée fertile et les colines; que je voyois tout germer et fourdre autour de moi, toutes les montagnes couvertes, depuis leurs pieds jusqu'à leurs sommets, d'arbres hauts et touffus, toutes les vallées ombragées dans leurs enfoncemens inégaux, de forêts riantes tandisque la rivière couloit tranquillement et avec un doux murmure à travers les roseaux, et réfléchissoit dans son cristal les nuages bigarrés qu'un doux zéphir amenoit et balançoit dans l'air; lorsque j'attendois les oiseaux animer la forêt (de leurs chants), tandisque des milliers de moucherons dansoient à l'envi dans ce trait de lumière purpurine, que produisent les derniers rayons du soleil, et qu'à son dernier aspect le hanneton, que sa présence avoit tenu caché sous l'herbe, prenoit l'essor, et s'élevoit en bourdonnant; lors, dis-je, que cette végétation universelle fixoit mon attention sur le sol, et que la mousse, qui arrachoit sa nourriture à la dureté du roc, les chardons et autres herbes, que le sable aride produisoit le long de la colline, me décou-

vroient cette sourne sacrée, cet ar‑
dent foyer de vie caché dans le sein
de la nature : avec quel transport
mon cœur embrassoit, saisissoit tous
ces objets ! Je me perdois dans leur
multiplicité infinie, et les formes ma‑
jestueuses de cet immense univers
sembloient vivre et se mouvoir dans
mon ame. Des montagnes effrayan‑
tes m'environnoient ; j'avois devant
moi des abymes, où je voyois des
torrens se précipiter, les rivières
couloient sous mes pieds et j'enten‑
dois les monts et les forêts reten‑
tir ; je voyois toutes ces forces im‑
pénétrables agir les unes sur les au‑
tres, et former tout dans les pro‑
fondeurs de la terre. Sur cette terre,
et sous le ciel fourmillent toutes les
races des créatures, et tout, tout
se multiplie sous mille formes diffé‑
rentes. Et les hommes ! ils s'enfer‑
ment ensemble dans de petites mai‑

sons, ils s'y accommodent, et regnent dans leur imagination sur tout l'univers. Pauvre insensé que tu es, de mesurer tout à ta propre petitesse! Depuis la montagne inaccessible, jusqu'au désert que nul pied n'a foulé, jusqu'au dernier rivage de l'océan inconnu, l'esprit de celui qui crée de toute éternité, anime tout de son haleine, et voit avec plaisir chaque grain de poussière, qui le conçoit et vit. Hélas! combien de fois n'ai-je pas desiré avec ardeur de traverser sur les ailes de la grue qui voloit sur ma tête, l'immensité de l'espace, pour boire à la coupe écumante de l'éternel ce nectar toujours renaissant de la vie, et savourer un seul moment, autant que les forces limitées de mon cœur pourroient me le permettre, une goutte de la félicité de cet être, qui produit tout en lui et par lui!

Mon cher, le seul souvenir de ces heures me fait plaisir ; la joie que je sens à me rappeller ces élans de l'imagination, ces sensations indicibles à t'en parler, élève mon ame au-dessus d'elle-même, et me fait sentir doublement l'angoisse de l'état où je suis.

Il s'est élevé comme un voile au-devant de mon ame, et le spectacle de l'éternité s'offre et disparoît alternativement à mes yeux dans l'abyme toujours ouvert du tombeau. Peux-tu dire : cela est, quand tout passe et roule avec la rapidité de la foudre, et que chaque être arrive si rarement au bout de la carrière que ses forces sembloient lui promettre de fournir, entraîné, hélas ! par le courant, submergé et brisé contre l'écueil ? Il n'y a point ici un seul instant qui ne te consume toi et les tiens ; pas un seul instant où tu ne doives être un destructeur.

tructeur. Ta moindre promenade coûte la vie à des milliers d'insectes ; un pas détruit les cellules qui coutent tant de peines aux malheureuses fourmis, et écrase un petit monde, qu'il plonge indignement dans le tombeau. Ah ! ce ne sont pas les grandes et rares révolutions de l'univers, ces torrens qui balaient vos villages, ces tremblemens de terre qui engloutissent vos villes ; ce n'est point tout cela qui me touche : ce qui mine mon cœur, c'est cette force de consomption cachée dans le grand tout de la nature, qui n'a rien formé qui ne se détruise soi-même, et ce qui l'avoisine. C'est ainsi que je chancelle au milieu de mes inquiétudes. Ciel, terre, forces diverses que se meuvent autour de moi, je n'y vois rien qu'un monstre occupé éternellement à engloutir et à ranimer !

H

LETTRE XXXII.

Le 20 Août.

C'est en vain qu'à l'aube du jour, lorsque je commence à m'éveiller après des rêves sinistres, j'étends les bras vers elle; c'est en vain que je la cherche la nuit dans mon lit, lorsque trompé par un songe heureux et innocent, je crois être assis auprès d'elle sur le pré, tenir sa main, et la couvrir de mille baisers. Hélas! lorsqu'encore à demi étourdi du sommeil je tâtonne pour la saisir, et que je m'éveille.——Hélas! l'oppression de mon cœur fait couler de mes yeux un torrent de larmes, et je gémis désespéré d'un avenir qui ne m'offre que ténèbres.

LETTRE XXXIII.

Le 22 Août.

C'est une facilité, Guilliaume! toutes mes facultés actives sont destinées à une inquiete oisiveté ; je ne saurois rester désœuvré, et il m'est impossible de rien faire. Je n'ai aucune imagination, aucune sensibilité pour la nature, et tous les livres me causent du dégoût. Quand nous nous manquons à nous-mêmes, tout nous manque. Je te le ure, mille fois je désirois d'être un journalier, pour avoir le matin, quand je m'éveille, une perspective, un attrait une espérance pour le jour suivant. J'envie souvent le sort d'Albert, que je vois enterré dans les actes jusqu'aux oreilles, et je m'imagine que je serois heureux à sa place! je suis même si frappé de cette idée, que plus d'une fois il m'a pris envie de t'écrire, ainsi qu'au ministre, pour demander cette place à l'ambassade, qui, comme tu me l'assures, ne me seroit point refusée. Je crois moi-même que le ministre m'aime depuis long-tems : il y a long-tems qu'il m'a dit que je devrois m'employer, et il y a des instans où je le ferois avec plaisir ; mais ensuite quand j'y réfléchis, et que je viens à me rappeller la fable du cheval, qui, impatient de sa liberté, se laisse seller, brider et surmener. — Je ne sais ce que je dois faire. — Eh, mon ami ! ne seroit-ce pas en moi ce mouvement intérieur qui me porte à changer de situation, une impatience insuportable qui me poursuivra par-tout.

LETTRE XXXIV.

Le 28 Août.

J'avoue que si quelque chose pouvoit guérir ma maladie, ces gens-ci le feroient. C'est aujourd'hui le jour de ma naissance, et j'ai reçu de grand matin un petit paquet de la part d'Albert. La première chose qui a frappé mes yeux à l'ouverture, ç'a été un des nœuds de couleur de rose que portoit Lolotte lorsque je fis sa connoissance, et que je lui avois depuis demandé plusieurs fois. Il y avoit deux petits livres *in-12*, le petit Homère de l'édition de Wetstein, que j'avois tant de fois souhaité, pour n'être pas chargé de celui d'Ernesti, quand je vais à la promenade. Tu vois! c'est ainsi qu'ils vont au-devant de mes souhaits, et qu'ils cherchent à me témoigner ces petites complaisances de l'amitié, mille fois plus précieuses que ces présens magnifiques, par lesquels la vanité de celui qui les fait nous humilie. Je baise mille fois ce nœud ; et à chaque trait de respiration, j'avale le souvenir de cette béatitude dont m'a comblé ce peu de jours, ces jours fortunés, ces jours qui ne peuvent revenir. Guillaume, c'est une vérité, et je n'en murmure point, les fleurs de la vie ne sont que de vaines apparitions : combien se passent sans laisser après elles la moindre trace ! combien peu produisent des fruits ! et combien peu de ces fruits parviennent à la maturité ! Et cependant il en est encore assez, et —— O mon frère ! pouvons-nous négliger des fruits mêmes, les dédaigner, n'en pas jouir, les laisser se flétrir et se corrompre ?

Adieu ! l'été est magnifique ; je

me perche quelquefois sur les arbres frutiers dans le jardin de Lolotte, le cueilloir à la main ; j'abats les poires les plus hautes; elle se tient dessous, et les reçoit à mesure que je les lui descends.

LETTRE XXXV.
Le 30 Août.

MALHEUREUX ! N'es-tu pas fou ? Ne te trompes-tu pas toi-même ? Où te conduira cette passion fougueuse et sans fin ? Je n'adresse plus de prières qu'à elle ; aucune forme ne frappe plus mon imagination que la sienne ; et tout ce qui m'environne dans le monde, je ne le vois plus qu'en liaison avec elle. Et cela me procure quelques heures de bonheur. —— Jusqu'à l'instant où il faut que je m'arrache de sa présence : ah ! Guillaume, où m'emporte souvent mon cœur ! —— lorsque je suis resté assis deux, trois heures auprès d'elle à repaître mes yeux et mes oreilles de ses graces, de son maintien et de l'expression céleste de ses paroles ; que mes sens se tendent insensiblement, que ma vue s'obscurcit, que je n'entends plus qu'à peine, et que ma gorge se serre, comme si j'étois saisi par quelque assassin : alors mon cœur bat d'une étrange manière, pour donner de l'air à mes sens suffoqués, et ne fait qu'en augmenter le désordre. Guillaume, bien souvent je ne sais plus si je suis au monde ; et à moins que je ne me trouve accablé tout-à-fait, et que Lolotte ne m'accorde la triste consolation de soulager mon cœur oppressé en arrosant sa main de mes larmes, il faut que je sorte ! Il faut que je m'éloigne ! Et je cours comme un vagabond dans les champs.

Alors c'est un plaisir pour moi de gravir une montagne escarpée, de m'ouvrir un chemin à travers une forêt impraticable, à travers les haies qui me blessent, à travers les épines qui me déchirent. Alors je me trouve un peu mieux, un peu ; et lorsque succombant à la lassitude et à la soif, je reste en chemin, quelquefois dans la nuit profonde, lorsque la pleine lune brille sur ma tête, qu'au milieu d'une forêt solitaire je me perche sur un arbre tortueux, pour procurer au moins quelque soulagement aux plantes de mes pieds écorchés, et que dans un repos inquiet je sommeille à la lueur du crépuscule : O Guillaume ! la demeure solitaire d'une cellule, et un vêtement de bure et un cilice, sont des consolations auxquelles mon ame aspire. Adieu. Je ne vois à toutes ces misères d'autre fin que le tombeau.

LETTRE XXXVI.

Le 3 Septembre.

IL faut que je parte; je te remercie, Guillaume, d'avoir fixé mes incertitudes. Voilà déjà quinze jours que je médite le projet de la quitter. Il le faut. Elle est encore une fois à la ville chez une amie. Et Albert — Et — il faut que je parte.

LETTRE XXXVII.

Le 18 Septembre.

QUELLE nuit! Guillaume, à présent je puis tout surmonter. Je ne la verrai plus. Oh! que ne puis-je voler à ton cou, mon bon ami, et t'exprimer avec transport, et en versant un torrent de larmes, tous les sentimens dont mon cœur est assailli! Je suis assis ici la bouche ouverte pour saisir l'air ; je cherche à me tranquilliser ; j'attends le jour, et les chevaux doivent être prêts au lever du soleil.

Hélas! elle dort d'un sommeil tranquille, et ne pense pas qu'elle ne me verra jamais. Je m'en suis arraché ; et pendant un entretien de deux heures, j'ai eu assez de force pour n'avoir point trahi mon projet. Et, Dieu, quel entretien?

Albert m'avoit promis de se trouver au jardin avec Lolotte, aussitôt après le souper. J'étois debout sur la terrasse au milieu des hauts marronniers, et je regardois le soleil, que je voyois pour la dernière fois se coucher au-delà de la riante vallée et du fleuve qui couloit tranquillement. Je m'y étois si souvent trouvé avec elle ; nous avions tant de fois contemplé ensemble ce magnifique spectacle, et —— j'allois et venois dans cette allée que

j'aimois tant ! Un attrait sympathique
et secret m'y avoit si souvent retenu,
avant même que je connusse Lolotte !
Et quel plaisir lorsqu'au commencement de notre liaison, nous nous
découvrîmes réciproquement notre
inclination pour ce réduit, qui est
vraiment une des productions de l'art
la plus enchantée que j'aie jamais vue.

Vous découvrez d'abord à travers
les marronniers la vaste perspective.
— Ah ! je m'en souviens, je t'en ai,
je pense, déjà beaucoup écrit comme
des hôtres élevés forment un allée qui
s'obscurcit insensiblement à mesure
qu'on approche d'un bosquet où elle
aboutit, jusqu'à ce que le tout se
termine à une petite enceinte, où
l'on éprouve tout le sentiment de la
solitude. Je sens encore l'espèce de
saisissement que je sentis lorsque, le
soleil étant au plus haut de son cours,
j'y entrai pour la première fois. J'eus
un

un pressentiment vague et confus de la félicité et de la douleur dont ce lieu devoit être pour moi le théâtre.

Il y avoit une demi-heure que je m'entretenois de ces douces et cruelles pensées des adieux, du revoir, lorsque je les entendis monter sur la terrasse : je courus au devant d'eux, je lui pris la main avec un saisissement, et je la baisois. Nous étions en haut, lorsque la lune parut derrière les buissons qui couvrent les collines. Nous parlions de diverses choses, et nous approchions insensiblement du cabinet obscur. Lolotte y entra et s'assit ; Albert se plaça auprès d'elle, et moi aussi ; mais mon inquiétude ne me permit pas de rester long-tems en place ; je me levai, j'allai devant elle, fis quelques tours, et me rassis ; j'étois dans un état violent. Elle nous fit remarquer l'effet de la lune qui au bout des hê-

tres, éclairoit toute la terrasse : coup-d'œil superbe, et d'autant plus piquant, que nous étions environnés d'une obsurité profonde. Nous gardâmes quelque tems le silence ; elle le rompit par ces mots : » Jamais,
» non jamais je ne me promène au
» clair de lune, que je ne me rappelle mes parens qui sont décédés,
» que je ne sois frappée du sentiment de la mort, et de l'avenir.
» Nous serons », continua-t-elle d'une voix qui exprimoit la plus vive sensation ; » mais, Werther, nous
» retrouverons-nous ? Nous reconnoî-
» trons-nous ? Qu'en pensez-vous ?
» Que dites-vous ? Lolotte », lui dis-je en lui tendant la main, et sentant mes larmes prêtes à couler,
» nous nous reverrons ! En cette vie
» et en l'autre, nous nous reverrons?
— » Je ne pus en dire davantage.
— Guillaume, falloit-il qu'elle me

fit une semblable question, dans le tems que j'avois le cœur plein de cette séparation cruelle ?

» Ces chers amis que nous avons
» perdus », continua-t-elle, » sa-
» vent-ils quelque chose de nous :
» ont-ils le sentiment du plaisir que
» nous éprouvons, lorsque, péné-
» trés d'amour pour eux, nous nous
» rappellons leur mémoire ? Hélas !
» l'image de ma mère est toujours
» présante à mes yeux, lorsque le
» soir je suis assise tranquillement
» au milieu de mes enfans, et qu'ils
» sont assemblés autour de moi,
» comme ils l'étoient autour d'elle.
» Lorsque je lève vers le ciel mes
» yeux mouillés de larmes du désir,
» et que je souhaiterois qu'elle pût
» delà regarder un instant comme je
» lui tiens la parole que je lui don-
» nai à sa dernière heure, d'être la
» mère de ses enfans ; je m'écrie

» cent fois : Pardonne, chère mère,
» si je ne suis pas pour eux ce que
» tu fus toi-même. Hélas je fais tout
» ce que je puis : ils sont vêtus,
» nourris ; et, ce qui est au-dessus
» de tout cela, ils sont choyés, ché-
» ris. Ame chère et bienheureuse,
» que ne peux tu-voir notre union !
» Tu rendrois les plus vives actions
» de graces à ce Dieu, à qui tu de-
» mandas, en versant les larmes les
» plus amères, le bien-être de tes
» enfans ». Elle dit cela ! O Guillaume ! qui peut répéter ce qu'elle
dit ? Comment des caractères froids
et inanimés pourroient - ils rendre
ces traits célestes, ces fleurs de
l'esprit ? Albert l'interrompit avec
douceur. « Cela vous affecte trop,
» chère Lolotre ; je vois que votre
» ame est fort attachée à ces idées ;
» mais je vous prie. —— O Albert,
» interrompit-elle, je sais que tu

» n'as pas oublié ces soirées où nous
» étions assis ensemble autour de la
» petite table ronde, lorsque le papa
» étoit en campagne, et que nous
» avions envoyé coucher les enfans.
» Tu avois souvent un bon livre ;
» mais rarement t'arrivoit-il de nous
» en lire quelque chose : l'entretien
» de cette belle ame n'étoit-il pas
» préférable à tout ? Quelle femme !
» belle, douce, vive et toujours oc-
» cupée ! Dieu connoît les larmes que
» je versois souvent dans mon lit, en
» m'humiliant devant lui, et le priant
» de me rendre semblable à elle.

» Lolotte (m'écriai-je, en me
jettant à ses pieds, et lui prenant la
main, que je baignai de mes larmes),
» Lolotte la bénédiction du ciel re-
» pose sur toi, ainsi que l'esprit de
» ta mère.——Si vous l'aviez connue
» (me dit-elle en me serrant la main.)
——» Elle étoit digne d'être connue

» de vous ». — Je crus que j'allois m'anéantir ; jamais mot plus grand, plus glorieux n'a été prononcé sur mon compte. Elle poursuivit : « Et
» cette femme a vu la mort l'enlever
» à la fleur de son âge, lorsque le
» dernier de ses fils n'avoit pas en-
» core six mois. Sa maladie ne fut
» pas longue ; elle étoit calme, ré-
» signée ; ses enfans seuls lui fai-
» soient de la peine ; et sur-tout le
» petit. Lorsqu'elle tiroit à sa fin,
» elle me dit : Amene-les moi. Je
» les conduisis dans sa chambre : les
» plus jeunes ne connoissoient pas
» encore la perte qu'ils alloient fai-
» re, les autres étoient privés de
» tout sentiment. Je les vois encore
» autour de son lit, comme elle les
» baisa les uns après les autres ; les
» renvoya, et me dit : Sois leur mè-
» re ! Je le lui promis. Tu promets
» beaucoup, ma fille, me dit-elle,

» le cœur d'une mère ! l'œil d'une
» mère! Tu en sens toute l'excel-
» lence, et les larmes de la recon-
» noissance que je t'ai vu verser tant
» de fois, m'en assurent. Aie l'un
» et l'autre pour tes frères et tes
» sœurs ; et pour ton père la foi et
» l'obéissance d'une épouse. Tu seras
» sa consolation. Elle le demanda ;
» il étoit sorti pour nous cacher la
» douleur insupportable qu'il sen-
» toit ; le pauvre homme étoit dé-
» chiré !

» Albert, tu étois dans la cham-
» bre ! Elle entendit quelqu'un mar-
» cher, elle demanda qui c'étoit,
» et te fit approcher. Comme elle
» nous fixa l'un et l'autre, dans la
» consolante pensée que nous serions
» heureux, heureux ensemble! »
Albert se jeta à son cou, et l'embrasse en s'écriant : « Nous le som-
» mes! nous le seront ! » Le phleg-

matique. Albert étoit tout hors de lui, et je ne me connoissois plus.

» Werther, reprit-elle, cette
» femme n'est plus ! Dieu ! quand
» je pense comme on se laisse enle-
» ver ce qu'on a de plus cher dans
» la vie ! Et personne ne le sent
» aussi vivement que les enfans,
» qui long-tems encore après se
» plaignoient : *Que les hommes*
» *noirs avoient emporté maman* ».

Elle se leva, je me sentois ému, troublé, je restois assis, et tenois sa main. « Il faut rentrer, dit-elle, il » est tems ». Elle vouloit retirer sa main je la retins avec plus de force!
» Nous nous reverrons, m'écriai-je,
» nous nous trouverons, sous quel-
» que forme que ce puisse être,
» nous nous reconnoîtrons. Je vous
» laisse, continuai-je, je vous laisse
» volontiers ; mais si je croyois que
» ce fût pour jamais, je ne pourrois

» supporter cette idée. Adieu, Lo-
» lotte; adieu, Albert. Nous nous
» reverrons. — Demain, je pense,
» dit-elle, en plaisantant ». Je sentis ce demain ! Hélas! elle ne savoit pas, lorsqu'elle retiroit sa main de la mienne. — Ils descendirent l'allée ; je me levai, les suivis de l'œil au clair de la lune, me jetai à terre, et achevai de laisser couler mes larmes. Je me relevai, je courus sur la terrasse ; je regardois en bas , et je vis encore vers la porte du jardin, sa robe blanche briller dans l'ombre des hauts tilleuls ; j'étendis les bras, et elle disparut.

LETTRE XXXVIII.

Le 10 Octobre.

Nous arrivâmes hier. L'ambessadeur est indisposé, en sorte qu'il s'arrêtera ici quelques jours, s'il étoit seulement plus liant, tout iroit bien. Je le vois, je le vois, le sort m'a préparé de rudes épreuves. Mais, courage ? Un esprit facile supporte tout ! Je ris de voir ce mot venir au bout de ma plume. Hélas! un peu plus de légéreté dans mon sang me rendroit l'homme le plus heureux de la terre. Quoi ! là où d'autres avec très-peu de force et de savoir, se pavanent devant moi pleins d'une douce complaisance pour eux-mêmes, je désespère de mes forces et de mes talens ! Dieu, de qui je tiens tous ces dons, que n'en as-tu retenu une partie, pour me donner en place la confiance et le contentement de moi-même.

Patience, patience, cela ira mieux; car je te le dis, mon ami, tu as raison; depuis que je suis tous les jours poussé dans la foule, et que je vois ce que sont les autres, et de quelle manière ils se conduisent, je suis plus content de moi-même. Certes, puisque nous sommes ainsi faits, que nous comparons tout à nous-mêmes, et nous-mêmes à tout, il suit de-là que le bonheur ou la misère gît dans les objets auxquels nous nous lions, et dès-lors il n'y a rien de plus dangereux que la solitude. Notre imagination portée de sa nature à s'élever, et nourrie des images fantastiques de la poésie, se crée un ordre d'êtres, dont nous sommes au plus bas ; tout ce qui est hors de nous, nous semble magnifique, tout autre nous paroît plus parfait que nous-mêmes. Et cela est tout naturel : nous sentons si souvent qu'il nous manque tant de choses! Et ce qui nous manque, souvent un autre semble le posséder; nous lui donnons alors tout ce que nous avons nous-mêmes, et par-dessus tout cela, un certain stoïcisme idéal. Ainsi cet heureux est parfaitement accompli, il est notre propre ouvrage. Au contraire, lorsqu'avec toute notre foiblesse et notre assiduité nous continuons notre travail sans nous distraire, nous remarquons souvent que nous allons plus loin en louvoyant, que d'autres en faisant force de voiles et de rames.——Et,——C'est pourtant avoir un vrai sentiment de soi-même, que de marcher l'égal des autres, ou même de les devancer.

LETTRE XXXIX.
Le 10 Novembre.

JE commence à me trouver assez bien ici à certains égards ; le meilleur c'est que l'ouvrage ne manque pas, et que ce grand nombre de personnes et de nouveaux visages de toute espèce, offre à mon ame un spectacle bigarré. J'ai fait la connoissance du Comte de C... pour qui je sens croître mon respect de jour en jour. C'est un homme d'un vaste génie, et qui n'est pas froid, puisqu'il embrasse un grand nombre d'objets d'un coup d'œil. Son commerce fait voir combien il est sensible à l'amitié et à l'amour. Il s'intéressa à moi lorsque, m'acquittant d'une commission dont j'étois chargé auprès de lui, il remarqua dès les premiers mots, que nous nous entendions, et qu'il pouvoit parler avec moi, comme il n'auroit pu le faire avec tout le monde. Aussi je ne puis assez me louer de la manière ouverte dont il en use avec moi. Il n'y a pas de joie plus vraie, plus sensible dans le monde; que de voir une grande ame qui s'ouvre devant vous.

LETTRE XL.

Le 24 Octobre.

L'AMBASSADEUR me chagrine beaucoup; je l'avois prévu. C'est le sot le plus pointilleux qu'on puisse voir. Pas à pas, et minutieux comme une tante; c'est un homme qui n'est jamais content de lui-même, et que par conséquent personne ne sauroit satisfaire. Je travaille assez couramment, et je ne retouche pas volontiers ce qui est une fois écrit. Aussi il sera homme à me remettre un mémoire, et à me dire : « Il est bien, » mais revoyez-le, on trouve tou- » jours un meilleur mot, une parti- » cule plus propre ». Alors je me donnerois au diable de bon cœur. Pas un &, pas la moindre conjonction ne doit être omise, et il est ennemi déclaré de toute inversion qui m'échappe quelquefois. Si une période ne ronfle pas, et n'est pas cadencée selon l'usage, il n'y entend rien. C'est un martyre que d'avoir à faire à un homme comme celui-là.

La confiance du Comte de C... est la seule chose qui me dédommage. Il n'y a pas long-tems qu'il me dit franchement combien il étoit mécontent de la lenteur et de la scrupuleuse circonspection de mon Ambassadeur. Ces gens-là sont insupportables à eux-mêmes et aux autres. « Et cependant, dit-il, il faut prendre son parti, comme un voyageur qui est obligé de passer une montagne. Sans doute si la montagne n'étoit pas là, le chemin seroit bien plus facile et plus court; mais elle y est, et il faut passer. » ——

Mon vieux s'apperçoit bien de la préférence que le Comte me donne sur lui, ce qui l'aigrit encore ; et il saisit toutes les occasions de parler mal du Comte devant moi. Je prends, comme de raison, son parti, et les choses n'en vont que plus mal. Hier il me mit tout-à-fait hors des gonds ; car il tiroit en même tems sur moi. « Le Comte, dit-il, connoît assez » bien les affaires du monde ; il a de » la facilité pour le travail, il écrit » fort bien ; mais, quant à la pro- » fonde érudition, il lui manque ce » qui manque à tous les littérateurs ».

Je l'aurois de bon cœur battu, car il n'y a pas autre chose à dire à ces gens-la ; mais comme cela n'étoit pas possible, je lui répondis, avec assez de vivacité, que le Comte étoit un homme qui méritoit d'être considéré, tant du côté de son caractère, que de ses connoissances. « Je ne sache » personne, dis-je, qui ait mieux » réussi que lui à étendre la sphère

» de son esprit, à l'appliquer à un
» nombre infini d'objets, et à con-
» server en même-tems toute l'acti-
» vité requise pour la vie ordinaire ».
Tout cela n'étoit pour lui que des
châteaux en Espagne. Je lui tirai ma
révérence, pour ne pas m'aigrir davantage.

Et c'est à vous que je dois m'en
prendre, à vous qui m'avez fourré
là, à vous qui m'avez tant prôné l'activité. Activité ! Je veux, si celui qui
plante des pommes de terre, et va
vendre son grain à la ville, ne sait
pas plus que moi, je veux me haras-
ser encore pendant dix ans sur cette
galère où je suis enchaîné !

Et cette brillante misère, cet en-
nui qui règne parmi ce peuple maussade qui se voit ici ! Cette manie des
rangs, qui fait qu'ils se surveillent
et s'épient les uns les autres, pour
tâcher de se devancer d'un pas ; pas-

sions malheureuses et pitoyables, qui ne sont pas même masquées! — Par exemple, il y a ici une femme qui entretient tout le monde de sa noblesse et de sa terre; ensorte qu'il n'y a pas un étranger qui ne doive dire en lui-même : « Voilà une sotte » qui se figure des merveilles de son » peu de noblesse, et de la renom- » mée de son pays. » — Mais ce n'est que là le pire, cette même fille n'est pas la fille d'un secrétaire du bailliage des environs. — Vois-tu, je ne puis concevoir le genre humain, qui a assez peu de bon sens pour se prostituer aussi platement.

Je remarque chaque jour, de plus en plus, combien l'on est sot de se mesurer sur les autres; et parce que j'ai tant à faire avec moi-même, et parce que mon cœur, mon imagination sont si orageux. — Hélas! je laisse bien volontiers chacun aller so chemin, s'il vouloit me laiser aller de même.

Ce qui me vexe le plus, ce sont les gradations désagréables parmi les bourgeois ; je sais aussi bien qu'un autre combien la distinction des états est nécessaire, combien d'avantages elle me procure à moi-même ; mais je ne voudrois pas qu'elle me barrât le chemin qui peut me conduire à quelque plaisir, et me faire jouir d'une lueur de félicité. Je fis dernièrement connoissance à la promenade d'une demoiselle de *B...* aimable créature, qui, au milieu des airs empesés de ceux avec qui elle vit, a conservé beaucoup de naturel. Nous nous plûmes dans notre conversation; et, lorsque nous nous séparâmes, je lui demandai la permission de la voir chez elle. Elle me l'accorda avec tant de franchise, que je pouvois à peine attendre l'heure convenable pour l'aller voir. Elle n'est point d'ici, et elle demeure chez une tante. La physionomie de la vieille ne me plut point; je lui témoignai beaucoup d'égards; je lui adressois presque toujours la parole, et en moins d'une demie-heure j'eus deviné ce que la nièce m'a avoué par la suite, que sa chère tante à son âge, depuis une fortune aisée, jusqu'à l'esprit, n'a d'autre soutien que le rang de ses ancêtres, aucun rempart que l'état dans lequel elle s'est retranchée, et d'autre récréation que de regarder fièrement les bourgeois de son premier étage. Elle doit avoir été belle dans sa jeunesse. Elle a passé sa vie à des bagatelles, a fait d'abord le tourment de plusieurs jeunes gens par ses caprices; et dans un âge plus mûr, elle a baissé humblement la tête sous le joug d'un vieux officier, qui, à ce prix, et au moyen d'un revenu honête, passa avec elle le siècle d'airain ; mourut ; maintenant elle se voit seule au siècle de fer, et ne seroit pas même regardée, si sa nièce n'étoit pas aussi aimable qu'elle l'est.

LETTRE XLI.

Le 8 Janvier.

Quels hommes que ceux dont l'affaire repose toute entière sur le cérémonial, qui passent toute l'année à imaginer, à controuver les moyens de pouvoir se glisser à table à une place plus haute d'un siège ! Ce n'est pas qu'ils manquent d'ailleurs d'occupations ; tout au contraire, l'ouvrage se multiplie, parce que ces petites mortifications les empêchent de terminer les affaires d'importance. C'est ce qui arriva la semaine dernière à la promenade des traîneaux ; toute la fête fut troublée.

Les insensés qui ne voient pas que la place ne fait proprement rien, et que celui qui a la premiere, joue rarement le premier rôle ! Combien de rois qui sont conduits par leurs ministres, et combien de ministres qui sont guidés par leurs secrétaires! Et qui donc est le premier ? C'est celui-là, je pense, qui a plus de lumières que les autres, et assez de pouvoir ou d'adresse pour faire servir leurs forces et leurs passions à l'éxécution de ses plans.

LETTRE XLII.

Le 20 Janvier.

Il faut que je vous écrive, ma chère Lolotte, ici, dans la chambre d'une auberge rustique, où je me suis refugié contre un orage terrible. Tant que j'ai été dans ce triste repaire D... au milieu de gens étrangers, oui trèsétrangers à mon cœur, je n'ai trouvé aucun instant, aucun, où ce cœur m'eût ordonné de vous écrire. Mais à peine dans cette cabane, dans cette étroite solitude, où la neige et la grêle se déchaînent contre ma petite fenêtre, vous avez été ma première pensée. Dès que j'y suis entré, l'idée de votre personne, ô Lolotte! cette idée si saine, si vive, s'est d'abord présentée à moi. Grand Dieu! voilà le premier retour d'un heureux moment!

Si vous me voyiez, ma chère, au milieu du torrent des distractions! comme tous mes sens deviennent arides; pas un instant de l'abondance du cœur, pas une heure à donner à ces larmes si délicieuses. Rien! rien! Je me tiens debout comme devant une curiosité; je vois de petits hommes et de petits chevaux passer et repasser devant moi; et je me demande souvent si ce n'est point une illusion d'optique. Je joue avec les autres, ou plutôt on me fait jouer comme une marionnette ; et souvent je prends mon voisin par sa main de bois, et je me retire avec horreur.

Je n'ai trouvé ici qu'une seule créature féminine, Mlle de *B*... Elle vous ressemble, chère Lolotte, si l'on peut vous ressembler. " Oh ! (dites-vous) il se mêle de faire des com-,, plimens ,, ! Cela n'est pas tout-à-fait faux. Depuis quelque tems je suis fort gentil, parce que je ne puis pas encore être autre chose ; j'ai beaucoup d'esprit, et les femmes disent que personne ne sauroit louer plus joliment que moi. (Ni mentir, ajoutez-vous, car l'un ne va pas sans l'autre.) Je voulois vous parler de Mademoiselle de *B*... Elle a beaucoup d'ame, et cette ame perce toute entière à travers ses yeux bleus. Son
état

état lui est à charge, parce qu'il ne contente aucun des desirs de son cœur. Elle aspire à se voir hors du tumulte ; et nous passons quelquefois des heures entières à nous figurer un bonheur sans mélange dans des scènes champêtres. Vous n'y êtes point oubliée ; ah ! combien de fois n'est-elle pas obligée de vous rendre hommage ! Que dis-je, obligée ? elle le fait volontiers ; elle a tant de plaisir à entendre parler de vous! elle vous aime.

O que ne suis-je assis à vos pieds dans cette chambre si agréable, tandis que nos petits amis tourneroient çà et là autour de moi! Quand vous trouveriez qu'ils feroient trop de bruit, je les rassemblerois tranquilles auprès de moi, en leur contant quelque effrayant conte de ma mère l'oie. Le soleil se couche majestueusement, et quitte cette contrée toute brillante de neige. La tempête s'est

K

appaisée. Et moi——Il faut que je rentre dans ma cage. Adieu ! Albert est-il auprès de vous ? Et comment ? ——Dieu me pardonne cette question.

LETTRE XLIII.

Le 17 Février.

Je crains bien que l'Ambassadeur et moi, nous ne soyons pas long-tems d'intelligence. Cet homme est absolument insupportable ; sa manière de travailler et de conduire les affaires est si ridicule, que je ne puis m'empêcher de le contrarier, et de faire souvent à ma tête et à ma manière des choses que naturellement il ne trouve jamais bien. Il s'en est plaint dernièrement à la cour, et le Ministre m'a fait une réprimande, douce à la vérité, mais enfin c'étoit une réprimande ; et j'étois sur le point de demander mon congé, lorsque j'ai reçu une lettre particulière de lui, une lettre devant laquelle je me suis mis à genoux, pour adorer le sentiment élevé, noble et sage avec lequel il rectifie ma sensibilité excessive, et tout en louant mes idées outrées de l'activité, de l'influence sur les autres, de la pénétration dans les affaires, comme dérivant d'un courage qui convient à un jeune homme, il tâche pourtant, non de les détruire tout-à-fait, mais de les modérer, et de les diriger vers le point où elles peuvent avoir leur vrai jeu, et opérer leurs effets. Aussi me voilà encouragé pour huit jours, et réconcilié avec moi-même. Le repos de l'ame est une superbe chose, mon ami, et la joie même, si cette chose n'étoit pas aussi fragile, qu'elle est belle et précieuse.

LETTRE XLIV.

Le 20 Février.

Que Dieu vous bénisse, mes chers amis; et vous donne tous les bons jours qu'il m'enleve.

Je te remercie, Albert, de m'avoir trompé; j'attendois l'avis qui devoit m'apprendre le jour de votre mariage; et je m'étois promis de détacher ce même jour, avec solemnité, le portrait de Lolotte, de la muraille, et de l'enterrer parmi d'autres papiers. Vous voilà unis, et son portrait est encore ici! Il y restera! Et pourquoi non! Je sais que je suis aussi chez vous; je suis, sans te faire du tort, dans le cœur de Lolotte. J'y tiens, oui, j'y tiens la seconde place après toi, et je veux, je dois la conserver. O je serois furieux, si elle pouvoit oublier!—Albert, l'enfer est dans cette idée. Albert! adieu, adieu, ange du ciel, adieu, Lolotte!

LETTRE XLV.

Le 15 Mars.

J'ai essuyé une mortification qui me chassera d'ici ; je grince des dents! diable! c'est une chose faite, et c'est encore à vous que je dois m'en prendre, à vous qui m'avez aiguillonné, instigué, tourmenté pour me faire entrer dans un poste qui ne cadroit point avec ma façon de penser. J'y suis, vous en êtes venu à bout. Et afin que tu ne dises pas encore que mes idées outrées gâtent tout, je vais, mon cher, t'exposer le fait, avec toute la précision et la netteté d'un chroniqueur.

Le Comte de C... m'aime, me distingue, on le sait ; je te l'ai dit cent fois. Je restai à dîner chez lui hier, jour où une société de personnes de qualité des deux sexes s'assemble le soir chez lui, société à laquelle je n'ai jamais pensé ; et d'ailleurs il ne mettoit jamais venu dans l'esprit que nous autres subalternes nous ne sommes pas là à notre place. Bon. Je dîne chez le Comte, et après le dîner nous allons et venons dans la grand'-salle, je cause avec lui et le colonel B... qui survient ; et insensiblement l'heure de l'assemblée arrive, Dieu sait si je pense à rien. Alors entre très-gracieuse dame de S... avec M. son mari, et leur oison de fille avec sa gorge plate, et son corps effilé et tiré au cordeau ; ils me font en passant la petite grimace usitée des grands seigneurs. Comme je déteste cordialement cette race, je voulois tirer ma révérence, et j'attendois seulement que le Comte fût délivré de leur babil maussade ; lorsque mademoiselle B... entra aussi; et, comme je sens toujours mon cœur s'épanouir un peu quand je la vois, je demeurai, me plaçai derrière sa chaise, et ne m'apperçus qu'au bout de quelque tems qu'elle me parloit d'un ton moins ouvert que de coutume, et avec une sorte de contrainte. J'en fus surpris. « Elle est aussi comme » tout ce monde-là (dis-je en » moi-meme): Que le diable l'em- » porte »! J'étois piqué, je voulois me retirer, et cependant je restai, curieux de m'en éclaircir davantage. Cependant la société se remplit. Le baron F... couvert de toute la garde-robe du tems du couronnement de François premier; le conseiller R... qualifié ici de monseigneur de R... avec sa femme qui est sourde, etc. sans oublier le ridicule J... sur l'habillement de qui l'on voyoit les restes de l'ancienne mode

gothique contraster avec la plus nouvelle. Tout cela vient, et je jase avec quelques personnes de ma connoissance, que je trouve fort laconiques. Je pensois——et je ne faisois attention qu'à B... Je ne m'appercevois pas que les femmes se parloient à l'oreille, au bout de la salle, que cela circuloit parmi les hommes, que madame de S... parloit avec le Comte (mademoiselle B... m'a dit tout cela depuis) jusqu'à ce qu'enfin le Comte vint à moi, et me conduisit vers une fenêtre. « Vous connoissez, me dit-il,
» nos usages singuliers ; je remarque
» que la compagnie est choquée de
» vous voir ici ; je ne voudrois pas
» pour tout. —— Monseigneur, lui
» dis-je, en l'interrompant, je vous
» demande mille pardon, j'aurois dû
» y songer plutôt ; j'espère que vous
» me pardonnerez cette inconséquen-
» ce ; j'avois déjà pensé à me retirer,

» Un mauvais génie m'a retenu »; ajoutai-je en riant, et en lui faisant ma révérence. Le Comte me serra la main avec un sentiment qui disoit tout. Je saluai la sublime compagnie, sortis, montai dans un cabriolet, et me rendis à M... pour y voir de dessus la montagne le soleil se coucher, et lire en même-tems ce superbe morceau d'Homère, où il raconte comme Ulisse fut hébergé par le digne porcher. Tout cela étoit bien.

Je revins le soir au souper. Il n'y avoit encore que quelques personnes, qui jouoient au dez sur un coin de la table : on avoit écarté un bout de la nappe. Je vis entrer l'honnête A... Il posa son chapeau en me regardant, vint à moi, et me dit tout bas : « Tu as eu du chagrin ? —— Moi ? » —— Le comte t'a fait entendre » qu'il falloit sortir de la compagnie.

» —— Que le diable l'emporte! J'é[tois]
» tois bien-aise d'aller prendre l'air[.]
» —— Tu fais bien de prendre l[a]
» chose du bon côté; ce qui me fâ[-]
» che, c'est qu'elle est déjà divul[-]
» guée. » —— Ce fut alors que je m[e]
sentis piqué. Tous ceux qui venoien[t]
se mettre à table, et qui me fixoient[,]
je croyois qu'ils pensoient à mo[n]
aventure, ce qui commença à m[e]
mettre de mauvaise humeur.

Et lorsqu'aujourd'hui l'on me plain[t]
par-tout où je vais, lorsque j'apprends que tous mes rivaux triom-
phent, et disent, qu'on voit par-l[à]
ce qui arrive à ces présomptueux[,]
qui s'éblouissent de leurs talens, e[t]
qui croient pouvoir se mettre au-dessus de toutes ces considérations, e[t]
autres sottises semblables; alors on
se donneroit volontiers d'un couteau
dans le cœur. Qu'on dise ce qu'on
voudra de la moderation; je voudrois

oir celui qui peut souffrir que des redins glosent sur son compte, lors-qu'ils ont sur lui quelque prise. Quand leurs propos sont sans fonde-ment, ah! l'on peut alors ne pas s'en mettre en peine.

LETTRE XLVI.

Le 16 Mars.

Tout conspire contre moi. J'ai ren-contré aujourd'hui Mlle. B... dans l'allée. Je n'ai pu me retenir de lui parler; et, dès que nous nous som-mes trouvés un peu éloignés de la compagnie, de lui témoigner combien j'étois sensible à la conduite extraor-dinaire qu'elle avoit tenue l'autre jour avec moi. « O Werther! m'a-» t-elle dit d'un ton pénétré, avez-» vous pu, connoissant mon cœur, » interpréter ainsi mon trouble! Que » n'ai-je pas souffert pour vous, de-

» puis l'instant que j'entrai dans le
» sallon! Je prévis tout, cent fois
» j'eus la bouche ouverte pour vous
» le dire; Je savois que la de S... et
» la de T... romproient plutôt avec
» leurs maris, que de rester en com-
» pagnie avec vous; je savois que le
» comte n'ose pas se brouiller avec
» elles; et puis tout ce train»! Comment, mademoiselle, lui ai-je dit, en cachant ma frayeur; car tout ce qu'Adelin m'avoit dit avant-hier me couroit dans ce moment par toutes les veines comme une eau bouillante, « combien cela m'a déjà coûté » a dit cette douce créature les larmes aux yeux! Je n'étois plus maître de moi-même, et j'étois sur le point de me jetter à ses pieds. « Expliquez-
» vous », me suis-je écrié. Ses larmes ont coulé le long de ses joues; j'étois hors de moi. Elle les a essuyées sans vouloir les cacher. « Ma tante,
  » vous

» vous la connoissez, a-t-elle dit,
» elle étoit présente, et elle a vu,
» ah ! avec quels yeux elle a vu
» cette scène ! Werther, j'ai essuyé
» hier au soir, et ce matin, un ser-
» mon sur ma liaison avec vous, et
» il m'a fallu vous entendre ravaler,
» humilier, sans pouvoir, sans oser
» vous défendre qu'à demi.

Chaque mot qu'elle prononçoit étoit un coup de poignard pour mon cœur. Elle ne sentoit pas quel acte de compassion c'eût été de me taire tout cela. Elle ajoutoit de plus tout ce qu'on en disoit encore, et quel triomphe ce seroit pour les gens les plus dignes de mépris. Comme on chanteroit par-tout que mon orgueil, et le peu de cas que je faisois des autres, et qu'ils me reprochoient depuis long-tems, étoient enfin punis et abaissés.

Entendre tout cela de sa bouche,

Guillaume, prononcé d'une voix si compatissante! J'étois atterré, et j'en ai encore la rage dans le cœur. Je voudrois que quelqu'un s'avisât de m'en parler, pour que je pusse lui passer mon épée au travers du corps! si je voyois du sang, je serois plus tranquille. Hélas! j'ai déjà cent fois saisi un couteau pour faire cesser l'oppression de mon cœur. L'on parle d'une noble race de chevaux, qui, quand ils sont échauffés et surmenés, s'ouvrent eux-mêmes par instinct une veine, pour se faciliter la respiration. Je me trouve souvent dans le même cas; je voudrois m'ouvrir une veine qui me procurât la liberté éternelle.

LETTRE XLVII.
Le 24 Mars.

J'ai demandé ma démission à la cour, et j'espère que je l'obtiendrai;

et vous me pardonnerez si je ne vous ai pas préalablement demandé votre permission. Tôt ou tard il falloit que je partisse ; et je sais tout ce que vous auriez pu dire pour me persuader de rester ; ainsi —— Tâche de faire avaler cette pilulle à ma mère. Je ne saurois m'aider moi-même ; elle ne doit donc pas murmurer si je ne puis l'aider. Cela doit sans doute lui faire de la peine : voir son fils s'arrêter tout-à-coup dans la carrière brillante qui le conduisoit droit aux grades de conseiller d'état et d'ambassadeur, et retourner honteusement sur ses pas. Faites tout ce que vous voudrez, combinez tous les cas possibles où j'aurois dû rester ; il suffit que je m'en vais. Et afin que vous sachiez où, il y a ici le prince... qui se plaît beaucoup à ma société ; dès qu'il a entendu parler de mon dessein, il m'a prié de l'accompagner dans ses terres, et d'y passer la belle saison du printems. J'aurai liberté entière de disposer de moi ; il me l'a promis ; et comme nous nous entendons ensemble jusqu'à un certain point, je veux en courir les risques, et partir avec lui.

APOSTILLE.

Le 19 Avril.

Je te remercie de tes deux lettres. Je n'y ai point fait de réponse, parce que j'ai différé d'envoyer celle-ci jusqu'à ce que j'eusse obtenu mon congé de la cour, dans la crainte que ma mère ne s'adressât au ministre, et ne me contrecarrât dans mon projet. Mais c'est une affaire faite ; le congé est arrivé. Il est inutile de vous dire avec quelle répugnance on me l'a donné, et ce que m'écrit le ministre : vous recommenceriez de nouvelles doléances. Le Prince héréditaire m'a donné une gratification de vingt-cinq ducats, qu'il a accompagnés d'un mot dont j'ai été touché jusqu'aux larmes: ainsi il est inutile que ma mère m'envoie l'argent que je lui demandois dans ma dernière.

LETTRE XLVIII.
Le 25 Mai.

Je pars demain d'ici; et comme le lieu de ma naissance n'est éloigné de ma route que de six milles, je veux le revoir, m'y rappeller ces anciens jours de bonheur, ces jours qui ne sont qu'une suite continuelle de songe. Je veux même y entrer par cette porte par laquelle ma mère sortit avec moi en voiture, lorsqu'après la mort de mon père, elle quitta ce lieu solitaire, ce séjour tranquille, pour se renfermer dans son insupportable ville. Adieu, Guillaume, tu entendras parler de ma caravane.

LETTRE XLIX.
Le 19 Mai.

J'ai fait mon pélerinage à mon pays natal avec toute la dévotion d'un vrai pélerin, et j'ai été saisi de mille sentimens inattendus. A ce grand tilleul qu'on trouve à une demi-lieue en deçà de la ville après S... je fis arrêter, descendis de voiture, et dis au postillon d'aller en avant, pour cheminer moi-même à pied, et goûter dans toute la sensibilité de mon cœur toute la nouveauté, toute la vivacité de chaque réminiscence. Je m'arrêtai là, sous ce tilleul, qui avoit été dans mon enfance le but et le terme de mes promenades. Quelle différence! Alors dans une heureuse ignorance, je m'élançois, par le desir, dans ce monde inconnu, où j'espérois trouver pour mon cœur tout l'aliment, toute la jouissance dont je sentois si souvent la privation. Maintenant je revenois de ce monde.——O mon ami! que d'espérances déçues, que de plans renversés!—— J'avois devant les yeux cette chaîne de montagnes, qui avoient été si souvent l'objet de mes desirs. Je pouvois alors rester là assis des heures entières, je me transportois au-delà en idée; toute mon ame se perdoit dans ces forêts, dans ces vallées dont l'aspect riant s'offroit à mes yeux dans la vapeur du lointain.—— Mais lorsqu'il me falloit me retirer à l'heure marquée, avec quelle répugnance ne quittois-je pas cet endroit charmant! Je m'aprochai davantage de la ville : je saluai les jardins et les petites maisons que je reconnoissois ; les nouvelles ne me plurent point, non plus que tous les changemens projetés pour les autres. J'arrivai à la porte, et je me retrouvai encore tout entier. Mon ami, je n'entrerai dans aucun détail : quelque charme qu'eût pour moi tout ce que je vis, il ne paroîtroit qu'uniforme dans un récit. J'avois résolu de prendre mon logement sur la place, justement auprès de notre ancienne maison. En y allant, je remaquai que l'école où une honnête vieille nous rassembloit dans notre enfance, avoit été changée en une boutique. Je me rappellai l'inquiétude, les larmes, la mélancolie et les serremens de cœur que j'avois essuyés dans ce trou. Je ne faisois pas un pas qui ne fût remarquable ; un pélerin de la Terre-Sainte trouve moins d'endroits de religieuse mémoire, et son ame n'est peut-être

pas aussi remplie de saintes affections.
—— En un mot, je descendis la rivière jusqu'à une certaine métairie où j'allois aussi souvent autrefois, et qui étoit un petit endroit où nous autres enfans faisions des ricochets à qui mieux mieux. Je me rappelle si bien comme je m'arrêtois quelquefois à regarder couler l'eau, avec quelles singulières conjectures j'en suivois le cours; les idées merveilleuses que je me faisois des régions où elle parvenoit; comme mon imagination se trouvoit bientôt atterrée, quoique je connusse bien que cette eau devoit aller plus loin, puis plus loin encore, jusqu'à ce qu'enfin je me perdois dans la contemplation d'un éloignement inaccessible à la vue. Vois-tu mon ami, ce sentiment est déchu des superbes anciens. Quand Ulysse parle de la mer immense, de la terre infinie, cela n'est-il pas plus vrai, plus pro-

portionné à l'homme, plus sensible que quand un écolier se croit aujourd'hui un prodige de science, lorsqu'il peut répéter qu'elle est ronde ?

Je suis actuellement à la maison de chasse du prince. Encore peut-on vivre avec cet homme-ci : c'est la vérité, la simplicité même. Ce qui me fait de la peine quelquefois, c'est qu'il parle souvent de choses qu'il ne sait que par oui-dire, ou pour les avoir lues, et cela dans le même point de vue qu'on les lui a présentées.

Une chose encore, c'est qu'il fait plus de cas de mon esprit que de mes talens, que de ce cœur dont seul je fais vanité, et qui est seul la source de toute ma force, de mon bonheur et de toute ma misère. Hélas ! ce que je sais, chacun peut le savoir.
—— Mon cœur, je l'ai seul.

LETTRE L.

Le 25 Mai.

J'avois quelque chose en tête, dont je ne voulois vous parler qu'après coup ; mais puisqu'il n'en sera rien, je puis vous le dire actuellement. Je voulois aller à la guerre. Ce projet m'a tenu long-tems au cœur : ç'a été le principal motif qui m'a engagé à suivre ici le principe, qui est général dans les armées de ***. Je lui ai découvert mon dessein dans une promenade ; Il m'en a détourné ; et il y auroit eu plus de passion que de caprice à moi, de ne pas me rendre à ses raisons.

LETTRE LI.

Le 11 Juin.

Dis ce que tu voudras, je ne puis demeurer plus long-tems. Que faire ici ? je m'ennuie. Le prince me regarde comme son égal. Fort bien ; mais je ne suis point dans mon assiette. Et dans le fond, nous n'avons rien de commun ensemble. C'est un homme d'esprit, mais d'un esprit tout-à-fait ordinaire ; sa conversation ne m'amuse pas plus que la lecture d'un livre bien écrit. Je resterai encore une huitaine de jours, puis je recommencerai mes courses vagabondes. Ce que j'ai fait de mieux ici, ç'a été de dessiner. Le prince sent, et il sentiroit encore davantage, s'il tenoit moins au ton scientifique, et s'il se renfermoit moins dans la *ter-*

minologie. Maintes fois je serre les dents de dépit, lorsqu'avec une imagination échauffée je le promène dans les champs de la nature et de l'art, et qu'il croit faire des merveilles, s'il peut mal-à-propos fourrer dans la conversation quelque terme technique.

LETTRE LII.
Le 18 Juin.

OU je prétends aller? je te le dirai en confidence. Il faut que je passe encore quinze jours ici. Je me suis dit que je voulois ensuite aller visiter les mines de ***, mais dans le fond, il n'en est rien ; je ne veux que me rapprocher de Lolotte, et voilà tout. Je ris de mon propre cœur——et je fais ce qu'il veut.

LETTRE LIII.
Le 29 Juillet.

Non ! c'est bien ! tout est bien ! Moi, son époux ! O Dieu qui m'a donné le jour, si tu m'a préparé cette félicité, toute ma vie n'eût été qu'une adoration continuelle ! Je ne veux point plaider. Pardonne-moi ces larmes, pardonne-moi mes inutiles désirs. —— Elle, mon épouse ! Si j'avois serré dans mes bras la plus aimable créature qui soit sous le ciel. —— Un frisson court par tout mon corps, Guillaume, lorsque Albert embrasse sa taille svelte et élégante.

Et cependant, le dirai-je ? Pourquoi non ? Guillaume, elle eût été plus heureuse avec moi, qu'avec lui ! O ce n'est point là l'homme capable de remplir tous les vœux de ce cœur ! Un certain défaut de sensibilité, un défaut——prends-le comme tu voudras, son cœur ne sympatise pas avec——oh!—— avec un passage d'un livre charmant, où mon cœur et celui de Lolotte sont d'intelligence. En mille autres occations, lorsqu'il arrive que le sentiment élève sa voix dans nos cœurs, sur l'action d'un tiers, ô Guillaume!—— Il est vrai qu'il l'aime de toute son ame, et un pareil amour, que ne mérite-t-il pas?

Un importun m'a interrompu. Mes larmes sont séchées. Je suis dissipé. Adieu, cher ami.

LETTRE LIV.

Le 4 Août.

JE ne suis pas le seul à plaindre. Tous les hommes sont frustrés de leurs espérances, trompés dans leurs attentes. J'ai visité ma bonne femme aux tilleuls. Son aîné courut au-devant de moi ; un cri de joie qu'il poussa, m'attira la mère, qui me parut fort abattue. Ses premiers mots furent : Mon bon Monsieur ! hélas !.. » mon Jean est mort ». C'étoit le plus jeune de ses garçons. Je gardois le silence. « Mon homme (dit-elle) » est revenu de la Suisse, et n'a » rien rapporté ; et sans quelques » bonnes ames, il auroit été obligé » d'aller mendier. La fièvre l'avoit » pris en chemin ». Je ne pus rien lui dire ; je donnai quelque chose au petit ; elle me pria d'accepter quelques pommes, je le fis, et quittai ce lieu de triste mémoire.

LETTRE LV.

Le 21 Août.

EN un tour de main tout change avec moi. Quelquefois un rayon de vie vient m'offrir sa soible et consolante lumière, hélas! pour un seul instant! Quand je m'égare comme cela dans des songes, je ne puis me défendre de cette pensée : Quoi! si Albert venoit à mourir! tu pourrois, — oui, elle pourroit. — Je cours après ce fantôme, jusqu'à ce qu'il me conduit à des abymes sur les bords desquels je m'arrête, et recule en tremblant.

Quand je sors par cette porte, sur le chemin que je fis pour la première fois en voiture, pour conduire Lolotte au bal, quelle différence! tout, tout a passé. Pas un trait dans la nature, pas un seul battement d'artère qui me rappelle le sentiment que j'éprouvai alors. Il en est de moi comme d'un esprit, qui revenant dans le château qu'il bâtit autrefois, lorsqu'il étoit un prince florissant, qu'il décora de tous les ornemens de la magnificence, et qu'il laissa en mourant à un fils plein d'espérance, le trouveroit brûlé et démoli.

LETTRE LVI.

Le 3 Septembre.

Quelquefois je ne puis comprendre comment un autre peut l'aimer, ose l'aimer, quand je l'aime si uniquement, si tendrement, si parfaitement, quand je ne connois rien, ne sais rien, ne possède rien qu'elle.

LETTRE LVII.

Le 6 Septembre.

J'ai eu bien de la peine à me résoudre à quitter le petit frac bleu que j'avois, lorsque je dansai pour la première fois avec Lolotte ; mais il étoit déjà tout passé. Aussi m'en suis-je fait faire un autre tout pareil au premier, collet et paremens ; la veste jaune de même, ainsi que le haut-de-chausse.

Cela ne me dédommagera pas tout-à-fait. Je ne sais.— Je crois qu'avec le tems il me deviendra aussi plus cher.

LETTRE LVIII.

Le 15 Avril.

ON se donneroit au diable, Guillaume, quand on voit les chiens que Dieu souffre sur la terre, et qui n'ont aucune sensibilité pour le peu qu'il y a encore qui vaille quelque chose. Tu connois ces noyers, sous lesquels je me suis assis avec Lolotte chez le curé de S*** ; ces superbes noyers qui remplissoient mon ame du plus

sensible plaisir. Quel charme ils don-
noient à la cour du presbytère! que
les rameaux en étoient frais et magnifiques! et jusqu'au souvenir de ces
bonnes gens de curés qui les avoient
plantés depuis tant d'années; le maître
d'école nous a dit bien souvent le nom
de l'un d'eux, qu'il tenoit de son grand-
père; ce doit avoir été un galant homme, et sa mémoire m'étoit toujours
sacrée, lorsque j'étois sous ces arbres. Oui, le maître d'école avoit hier
les larmes aux yeux, lorsque nous
parlions ensemble sur ce qu'ils ont été
abattus —— Abattus! j'enrage; et je
crois que j'assassinerois le chien qui a
donné le premier coup de hache. ——
Moi qui serois homme à prendre le
deuil; si, ayant comme cela deux arbres dans ma cour, j'en voyois un
mourir de vieillesse; faut-il que je
sois témoin de cela? Mon cher ami,
il y a encore une chose! Qu'est-ce

que l'humanité? tout le village murmure, et j'espère que la femme du
dé[f]uré verra à son heure, à ses œufs,
en[f]t à la confiance, la plaie qu'elle a
f[ai]te à l'endroit. Car c'est elle, la
[f]emme du nouveau curé, (notre vieillard est aussi décédé.) Un squelette
toujours malade, et qui a grande raison de ne prendre aucun intérêt au
monde, car personne n'en prend à
elle. Une sotte qui veut se donner pour
savante, qui se mêle d'examiner les
canons, qui travaille à la nouvelle réformation morale et critique du Christianisme, et à qui les rêveries de Lavater font hausser les épaules, dont
la santé est dérangée, et qui n'a en
conséquence aucune joie sur la terre.
Aussi il n'y avoit qu'une pareille
créature qui pût faire abattre mes arbres. Vois-tu, je n'en puis pas revenir! Imagine-toi un peu, les feuilles
en tombant salissent sa cour, et la

rendent humide ; les arbres lui interceptent le jour ; et quand les noix sont mûres, les enfans y jettent des pierres pour les abattre, et cela affecte ses nerfs, et la trouble dans ses profondes méditations, lorsqu'elle pèse et compare ensemble Kennikot, Semler et Michaëlis. Lorsque je vis les gens du village, et sur-tout les anciens si mécontens, je leur dis : » Pourquoi l'avez-vous souffert ? » Ils me répondirent : » Quand le maire » veut ici, que faire ? » Mais une chose me fait plaisir : le maire et le curé, qui vouloit aussi tirer quelque profit des caprices de sa femme, qui ne lui rendent pas sa soupe plus grasse, convinrent de partager entr'eux ; lorsque la chambre des domaines intervint, et leur dit, doucement ! et vendit les arbres aux plus offrans. Ils sont à bas ! O si j'étois prince ! je ferois à la femme du curé, au maire à la chambre, —— prince! —— oui, j'étois prince, que me feroient les arbres de mon pays?

LETTRE LIX.

Le 10 Octobre.

QUAND je vois seulement ses yeux noirs, je suis content! hélas! ce qui me chagrine, c'est qu'Albert ne paroît pas aussi heureux qu'il —— l'espéroit —— que je —— croyois. —— Si —— je ne coupe pas volontiers mes phrases; mais ici je ne saurois m'exprimer autrement. —— Et il me semble que je parle assez clair.

LETTRE LX.

Le 12 Octobre.

OSSIAN a pris le desssus dans mon cœur sur Homère. Quel monde que celui où cet auteur sublime me conduit ! Errer dans les plaines retentissantes de toutes parts du bruit des vents orageux, qui amenent sur des nuages les esprits de ses pères à la foible lueur de la lune. Entendre de la montagne les débiles gémissemens que poussent les esprits du fond de leurs cavernes, et qui se mêlent aux rugissemens du torrent, et les lamantations que la jeune fille, morte dans les angoisses, fait auprès des quatre pierres couvertes de mousse, et à demi-cachée sous l'herbe, monument de la chûte glorieuse de son bien-aimée ! Lorsque je trouve ce Barde blanchi par les années, errant, cherchant sur la vaste étendue de la plaine, les traces de ses pères, et rencontrant, hélas ! les pierres qui couvrent leurs tombeaux ; lorsqu'il tourne, en gémissant, ses yeux vers l'étoile du soir, qui se cache

cache dans les flots roulans de la mer, et que l'ame de ce héros sent revivre l'idée de ces tems où son rayon propice éclairoit encore les périls des vaillans, et où la lune prêtoit sa lumière à leur vaisseau décoré des palmes de la victoire : lorsque je lis sur son front sa profonde douleur ; que je vois ce héros, le dernier de sa race, chanceler dans le plus triste abattement sur la tombe ; comme la foible présence des ombres de ses pères est pour lui une source où il puise sans cesse la joie la plus douloureuse et la plus ravissante ; comme il fixe la terre froide, et l'herbe qui la couvre, et s'écrie : « Le voyageur, » qui m'a connu dans ma beauté, » viendra, il viendra et demandera » où est le chantre, digne fils de » Fingal ! Son pied foule en pas- » sant ma sépulture, et il me de-

» mande, en vain sur la terre. » O mon ami ! je serois homme à arracher l'épée de quelque noble guerrier, à délivrer tout d'un coup mon prince du tourment d'une vie qui n'est qu'une mort lente, et à envoyer mon ame après ce demi-dieu mis en liberté.

LETTRE LXI.
Le 19 Octobre.

Hélas! ce vide, ce vide affreux que je sens dans mon sein ! Je pense souvent ! Si tu pouvois une fois, une seule fois la presser contre ton cœur. Tout ce vide seroit rempli.

LETTRE LXII.
Le 26 Octobre.

Oui, mon ami, je me confirme de plus en plus dans l'idée que c'est peu de chose, bien peu de chose que l'existence d'une créature. Une amie de Lolotte est venue la voir ; je suis entré dans la chambre prochaine pour prendre un livre, et ne pouvant pas lire, j'ai pris la plume. J'ai entendu qu'elles parloient bas : elles se contoient l'une à l'autre des choses assez indifférentes, des nouvelles de la ville ; comme celle-ci étoit marié, celle-là malade, fort malade. « Elle a une toux seche, » (disoit l'une) les joues enfoncées, » et il lui prend des foiblesses ; je » ne donnerois pas un sol de sa vie». « Monsieur N. N. n'est pas en meil- » leur état (disoit Lolotte). « Il est » déjà enflé (reprenoit l'autre)». Et mon imagination vive me plaçoit d'abord au pied du lit de ces malheureux ; je voyois avec quelle répugnance ils tournoient le dos à la vie, comme ils —— Guillaume, mes

petites femmes parloient de cela comme on parle d'ordinaire de la mort
d'un étranger. —— Quand je regarde
au tour de moi, que j'examine la
chambre, et que je vois par-tout
les hardes de Lolotte, ici ses boucles d'oreilles sur la table, là les
écritures d'Albert, et ces meubles
avec lesquels je suis à présent aussi
familiarisé qu'avec ce cornet, et que
je me dis en moi-même : « Vois ce
» que tu es à cette maison ! Tout
» en tout. Honoré de tes amis, tu
» fais souvent leur joie, et il sem-
» ble à ton cœur qu'il ne pourroit
» exister sans eux ; cependant —— »
» Si tu partois, si tu t'éloignois de
» ce cercle, sentiroient-ils le vide
» que ta perte causeroit dans leur
» destinée ? Combien de tems. —— »
Hélas ! l'homme est si périssable,
que là même où il a proprement la
certitude de son existence, là où il

je revois le soleil, et je suis misérable. O que ne puis-je être lunatique! que ne puis-je m'en prendre au tems, à un tiers, à une entreprise manquée! Alors le fardeau accablant de mon chagrin ne porteroit qu'à demi sur moi. Malheureux que je suis, je ne sens que trop que toute la faute en est à moi seul. —— Non pas la faute! Il suffit que je porte cachée dans mon sein la source de toutes les misères, comme j'y portois autrefois la source toutes les béatitudes. Ne suis-je donc plus ce même homme qui nageoit autrefois dans toute la plénitude du sentiment, qui voyoit naître un paradis à chaque pas, et qui avoit un cœur capable d'embrasser dans son amour un monde entier? Et maintenant ce cœur est mort, il n'en naît plus aucun ravissement ; mes yeux sont secs ; et mes sens, qui ne sont plus réjouis par des larmes rafraichissantes sillonnent mon front des rides de la douleur. Je souffre beaucoup, car j'ai perdu ce qui faisoit seul la joie, le bonheur de ma vie, cette force divine et vivifiante avec laquelle je créois des mondes autour de moi. Elle est passée ! —— Lorsque de ma fenêtre je regarde au loin la colline; que je vois comme le soleil, perçant le brouillard, la dore de ses rayons, et éclaire les tranquilles plaines, tandis que la rivière coule vers moi en serpentant à travers les saules dépouillés de leurs feuilles; lorsque je vois cette nature superbe ne m'offrir qu'une image froide et grossière, que toute mon imagination ne peut plus puiser dans mon cœur une seule goutte de félicité: l'homme tout entier repose devant Dieu comme une source tarie et desséchée. Combien de fois ne me suis-je pas prosterné à peut laisser la seule vraie impression de sa présence, dans la mémoire, dans l'ame de ses amis, il doit s'effacer et disparoître; et cela —— Sitôt.

LETTRE LXIII.

Le 27 Octobre.

Je me déchirerois le sein, je me brûlerois la cervelle, quand je vois combien peu les hommes trouvent de ressources les uns dans les autres. Hélas! un autre ne me donnera jamais l'amour, la joie, la chaleur, la volupté que je n'ai pas par moi-même; et avec un cœur comblé de félicité, je ne rendrai plus heureux un mortel froid, et privé de toute consolation!

LETTRE LXIV.

Le 30 Octobre.

Si je n'ai pas été cent fois sur le point de lui sauter au col. —— Dieu sait ce qu'il en coûte de voir tant de charmes passer et repasser devant vous, sans que vous osiez y porter la main. Et cependant le penchant naturel de l'humanité nous porte à prendre. Les enfans ne tâchent-ils pas de saisir tout ce qu'ils apperçoivent ? Et moi ?

LETTRE LXV.

Le 3 Novembre.

Dieu sait combien de fois je me mets au lit avec le desir, que dis-je ? dans l'espérance de ne plus m'éveiller ; et le matin j'ouvre les yeux, terre, pour demander à Dieu des larmes, comme un laboureur demande de la pluie, lorsqu'il voit sur sa tête un ciel d'airain, et que la terre se consume de soif autour de lui!

Mais, hélas! je le sens; Dieu n'accorde point la pluie et le beau tems à nos prières importunes; et ces temps, dont le souvenir me tourmente pourquoi étoient-ils si heureux, sinon parce que j'attendois son esprit avec patience, et que je recevois la joie qu'il versoit sur moi, avec un cœur pénétré de la plus vive reconnoissance?

LETTRE LXVI.
Le 8 Novembre.

ELLE m'a reproché mes excès, hélas! d'un ton si doux! Mes excès en ce que d'un verre de vin, je me laisse quelquefois entraîner à boire la

bouteille. »Evitez cela (me disoit-elle
» pensez à Lolotte ! —— Penser
» Avez-vous besoin de me l'ordon-
» ner? Je pense ! je ne pense point
» —— Vous êtes toujours présente
» mon ame. J'étois assis aujourd'hui
» l'endroit même où vous descendîtes
» dernièrement de voiture». —— Elle
s'est mise à parler d'autre chose pour
m'empêcher de m'enfoncer trop avant
dans cette matière. Je ne suis plus
mon maître, cher ami ! Elle fait de
moi tout ce qu'elle veut.

LETTRE LXVII.
Le 15 Novembre

JE te remercie, Guillaume, du
tendre intérêt que tu prends à moi,
de la bonne intention qui perce dans
ton conseil, et je te prie de rester
tranquille. Laisse-moi supporter toute
la crise ; malgré l'abattement où je

mis, j'ai encore assez de force pour
aller jusqu'au bout. Je respecte la
religion, tu le sais ; je sens que c'est
un bâton pour celui qui tombe de lassitude, un rafraichissement pour celui que la soif consume. Seulement
—peut-elle, doit-elle être la même
pour tous ! Considere, ce vaste univers : tu vois des milliers d'hommes
pour qui elle ne l'a pas été, d'autres
pour qui elle ne le sera jamais, soit
qu'elle leur ait été annoncée, ou non ;
faut-il donc qu'elle le soit pour moi ?
Le Fils de Dieu ne dit-il pas lui-même :
Ceux que mon père m'a donnés seront
avec moi. Si donc je ne lui ai pas
été donné ; si le père veut me réser-
ver pour lui, comme mon cœur me
le dit, de grace ne va pas donner à
cela une fausse interprétation, et
trouver un sens ironique dans ces
mots innocens ; c'est mon ame
toute entière que j'expose devant toi.

Autrement j'eusse aimé mieux me taire, puisque je n'aime point à parler en l'air sur tout sujet dont personne n'est mieux instruit que moi. Et n'est-ce pas le sort de l'homme, de fournir la carrière de ses maux, et de boire sa coupe toute entière ? —— Mais si lorsque le Dieu du ciel porta le calice à ses levres humaines il lui sembla trop amer ; pourquoi voudrois-je affecter plus de courage, et feindre de le trouver doux ? Et pourquoi aurois-je honte, à l'instant terrible où tout mon être frémit entre l'existance et le néant, où le passé brille comme un éclair sur le sombre abyme de l'avenir, où tout ce qui m'environne s'écroule, où le monde périt avec moi ? —— N'est-ce pas là la voix de la créature accablée, défaillante, s'abymant sans ressource, au milieu des vains efforts qu'elle fait pour exprimer son désespoir :

Mon

Mon Dieu ! mon Dieu ! pourquoi m'avez-vous abandonné ! Pourrois-je rougir de cette expression ? Pourrois-je redouter ce moment, quand celui dont la main fait rouler les cieux, n'a pu l'éviter ?

LETTRE LXVIII.
Le 21 Novembre.

Elle ne voit pas, elle ne sent pas qu'elle prépare le poison qui nous fera périr tous les deux. Et j'avale avec la plus parfaite volupté la coupe où elle me présente la mort. Que veut dire cet air de bonté avec lequel elle me regarde souvent ?— Souvent, non, mais quelquefois. Cette complaisance avec laquelle elle reçoit une expression produite par un sentiment dont je ne suis pas le maître ; cette compassion à mes souffrances, qui se peint sur son front ?

Comme je me retirois hier, elle me tendit la main et me dit : « Adieu, » cher Werther ». Cher Werther ! C'est la première fois qu'elle m'ait donné le nom de cher, et la joie que j'en ressentis a pénétré jusques dans mes os. Je me le répétai cent fois ; et le soir, lorsque je voulus me mettre au lit, en babillant tout seul, je me dis tout-à-coup : » Bonne nuit, » cher Werther ». Et je ne pus ensuite m'empêcher de rire de moi-même.

LETTRE LXIX.

Le 24 Novembre.

Elle sent ce que je souffre. Son regard m'a pénétré aujourd'qui jusqu'au fond du cœur. Je l'ai trouvée seule. Je ne disois rien, et elle me regardoit fixément. Je ne voyois plus

en elle cette beauté touchante, ces éclairs de génie ; tout cela étoit évanoui à mes yeux. Un regard plus puissant agissoit sur moi, regard plein de l'expression du plus tendre intérêt, de la plus douce pitié. Pourquoi n'ai-je pas osé me jeter à ses pieds! Pourquoi n'ai-je osé l'embrasser, et lui répondre par mille baisers ? —— Elle a eu recours à son clavecin, et s'est accompagnée des airs harmonieux, qu'elle a chantés à demie-voix, mais d'une voix si douce! Jamais ses levres ne m'ont paru si ravissantes : on eût dit qu'elles s'ouvroient pour recevoir les sons mélodieux à mesure qu'ils naissoient de l'instrument, et que sa bouche charmante n'en étoit que l'écho. Ah! si je pouvois te dire cela comme je le sentois! Je n'ai pu y tenir plus long-tems ; je me suis incliné, et j'ai dit avec serment : « Ja-
» mais je ne me hasarderai à vous

» imprimer un baiser, ô levres, sur » lesquelles planent les esprits du » ciel. —— Et cependant —— Je veux —— Hélas! C'est comme un mur de séparation, qui s'est élevé devant mon ame. —— Cette béatitude. —— Et puis quand on est mort, expier ses péchés. —— Péchés?

LETTRE LXX.
Le 30 Novembre

Non, jamais, jamais je ne puis revenir à moi : par-tout où je vais je rencontre quelque apparition qui me met hors de moi-même. Aujourd'hui ! ô destin ! ô humanité !

Je vais sur les bords de l'eau à l'heure du midi ; je n'avois aucune envie de manger. Tout étoit désert ; un vent d'ouest froid et humide souffloit de la montagne, et des nuages

gris et pluvieux couvroient la vallée. J'apperçois de loin un homme vêtu d'un méchant juste-au-corps verd, qui marchoit courbé entre les rochers, et paroissoit chercher des simples. Je me suis approché de lui, et le bruit que j'ai fait en arrivant l'ayant fait retourner, j'ai vu une physionomie tout-à-fait intéressante, dont une morne tristesse faisoit le principal trait, mais qui pourtant n'annonçoit rien qu'une ame droite et honnête. ses cheveux étoient relevés en deux boucles, avec des épingles, et ceux de derrière formoient une tresse fort épaisse qui lui descendoit sur le dos. Comme son habillement annonçoit un homme du commun, j'ai cru qu'il ne prendroit pas mal que je fisse attention à ce qu'il faisoit, et en conséquence je lui ai demandé ce qu'il cherchoit. « Je cher-
» che des fleurs (a-t-il répondu avec

un profond soupir) « et je n'en
» trouve point. — Aussi n'est-ce
» pas là la saison, lui ai-je dit en
» riant. — Il y a tant de fleurs,
» a-t-il reparti en descendant vers
» moi. Il y a dans mon jardin des
» roses et des lilas de deux sortes.
» L'une m'a été donnée par mon
» père; elle poussoit comme de l'i-
» vraie; voilà déjà deux jours que je
» les cherche, sans pouvoir les trou-
» ver. Et même ici dehors il y a
» toujours des fleurs, des jaunes,
» des bleues, des rouges : et la cen-
» taurée a aussi une jolie petite fleur.
» Je n'en puis trouver aucune ». J'ai
remarqué en lui un certain air ha-
gard ; et prenant un détour, je lui
ai demandé ce qu'il vouloit faire de
ces fleurs? Un souris singulier et
convulsif a contracté les traits de sa
figure. « Si vous voulez ne point me
» trahir, (a-t-il dit en appuyant un

» doigt sur sa bouche), je vous dirai
» que j'ai promis un bouquet à ma
» belle. —— C'est fort bien. —— Ah!
» elle a bien d'autres choses ; elle
» est riche.——Et pourtant elle fait
» grand cas de votre bouquet. Oh!
» elle a des joyaux et une couronne.
» ——Comment l'appellez-vous donc?
» ——Si les Etats-généraux vouloient
» me payer , je serois un autre hom-
» me! oui, il fut un tems où j'étois
» si content! Aujourd'hui c'en est
» fait pour moi, je suis »—— Un
regard humide qu'il a lancé vers le
ciel a tout exprimé. « Vous étiez donc
» heureux! —— Ah! je voudrois bien
» l'être encore de même! J'étois con-
» tent, gai et gaillard comme le pois-
» son dans l'eau. «Henri! (a crié une
vieille femme qui venoit sur le chemin. « Henri! où es-tu fourré? Nous
» t'avons cherché par-tout. Viens
» dîner. Est-ce là votre fils? (lui ai-je

» demandé en m'approchant d'elle)?
» Oui ; c'est mon pauvre fils, (a-
» t-elle répondu). Dieu m'a donné
» une croix bien lourde. — Com-
» bien y a-t-il qu'il est dans cet
» état ! — Il n'y a que six mois
» qu'il est ainsi tranquille. Je rends
» graces à Dieu que cela n'ait pas
» été plus loin. Auparavant il a été
» dans une frénésie qui a duré une
» année entière ; et pour lors il étoit
» à la chaîne dans l'hôpital des fous.
» A présent il ne fait rien à personne.
» Seulement il est toujours occupé
» de rois et d'empereurs. C'étoit un
» homme doux et tranquille, qui
» m'aidoit à me nourrir, et qui avoit
» une fort belle main pour l'écriture.
» Tout d'un coup il devint rêveur,
» tombe malade d'une fièvre chaude,
» delà dans le délire, et maintenant
» il est dans l'état où vous le voyez.
» S'il falloit vous raconter, Mon-

» sieur ». J'ai arrêté le torrent de sa narration, en lui demandant quel étoit ce tems dont il faisoit si grand récit, et où il se trouvoit si heureux et si content ? « Le pauvre in-
» sensé (m'a-t-elle dit avec un souris
» de pitié) veut parler du tems où
» il étoit hors de lui : il ne cesse
» d'en faire l'éloge. C'est le tems
» qu'il a passé aux petites maisons,
» et où il n'avoit aucune connois-
» sance de lui-même ». Cela a fait sur moi l'effet d'un coup de tonnerre; je lui ai mis une pièce d'argent dans la main, et me suis éloigné d'elle à grands pas.

» Ou tu étois heureux ! (me suis-je écrié en marchant vite vers la ville) « ou tu étois content comme
» le poisson dans l'eau ! Dieu du
» Ciel ! as-tu donc ordonné la des-
» tinée des hommes, de manière
» qu'ils ne soient heureux qu'avant

» d'arriver à l'âge de la raison, et
» après qu'ils l'ont perdue ! Misé-
» rable ! Et cependant que je porte
» envie à ta folie, à ce désastre de
» tes sens, dans lequel tu te consu-
» mes ! Tu sors plein d'espérance,
» pour cueillir des fleurs à ta reine
» —— au milieu de l'hiver —— et tu
» t'affliges de n'en point trouver,
» et tu ne conçois pas pourquoi tu
» n'en trouves point. Et moi —— et
» moi je sors sans espérance, sans
» aucun but, et je rentre au logis
» comme j'en suis sorti. —— Tu te
» figures quel homme tu serois, si
» les États-généraux vouloient te
» payer. Heureuse créature qui peut
» attribuer la privation de ton bon-
» heur à un obstacle terrestre ! —— Tu
» ne sens pas ! tu ne sens pas que
» c'est dans le trouble de ton cœur,
» dans ton cerveau détraqué que
» gît ta misère, dont tous les rois

» de la terre ne sauroient te dé-
» livrer ».

Puisse celui-là mourir dans le désespoir, qui se rit d'un malade qui fait un long voyage pour aller chercher des eaux minérales éloignées qui augmenteront sa maladie, et rendront la fin de sa vie plus douloureuse ! Qui s'élève au-dessus de cet homme dont le cœur est serré par des remords, et qui, pour s'en délivrer, et mettre fin aux souffrances de son ame, entreprend le voyage du du St. Sépulcre ! Chaque pas que son pied trace sur le chemin raboteux, est un trait de consolation pour son ame oppressée, et à chaque jour de marche, il se couche, le cœur soulagé d'une partie du fardeau qui l'accable.——Et vous osez appeller cela rêveries, vous autres bavards, qui couchez mollement sur des coussins ! Rêveries !——O Dieu tu vois mes larmes. — Falloit-il, après avoir formé l'homme si pauvre, lui donner des frères qui le pillent encore dans sa pauvreté, et lui dérobent ce peu de confiance qu'il a en toi, en toi qui chéris toutes les créatures! En effet, sa confiance en une racine salutaire, dans les pleurs de la vigne, qu'est-ce, sinon la confiance en toi, qui a mis dans tout ce qui nous environne, la guérison et le soulagement, dont nous avons besoin à toute heure ? — O père! que je ne connois pas, père qui remplissois autrefois toute mon ame, et qui as depuis détourné ta face de dessus moi! appelle-moi vers toi! Ne garde pas plus long-tems le silence; Mon ame altérée ne pourra le soutenir. — Et un homme, un père pourroit-il s'irriter de voir son fils, qu'il n'attendoit pas, lui sauter au cou, en s'écriant : « Me voici revenu, mon

» père, ne vous fâchez point si j'in-
» terromps un voyage que je devois
» supporter plus long-tems pour
» vous obéir. Le monde est le même
» par-tout ; par-tout peine et travail,
» récompense et plaisirs ; mais que
» me fait tout cela ? Je ne suis bien
» qu'où vous êtes ; je veux souffrir
» et jouir en votre présence. —— Et
» toi, cher père céleste, pourrois-
» tu repousser ton fils » ?

LETTRE LXXI.

Le premier Décembre.

Guillaume ! cet homme dont je t'ai écrit, cet heureux infortuné étoit commis chez le père de Lolotte, et une malheureuse passion qu'il conçut pour elle, qu'il nourrit en secret, qu'il lui découvrit enfin, et qui le fit renvoyer de sa place, l'a rendu fou. Sens, si tu peux, sens par ces mots pleins de sécheresse, quelle fureur a excité en moi cette histoire, lorsque Albert me l'a contée avec autant de sens-froid que tu la lis peut-être.

LETTRE LXXII.

Le 4 Décembre.

Je te prie —— vois-tu, c'est fait de moi. —— Je ne saurois supporter tout cela plus long-temps. J'étois assis aujourd'hui auprès d'elle. —— J'étois assis, elle jouoit différens airs sur son clavecin, avec toute l'expression! tout, tout! —— que dirai-je ? —— Sa petite sœur paroit sa poupée sur mon genou. Les larmes me sont venues aux yeux. Je me suis baissé, et j'ai apperçu son anneau de mariage, mes pleurs ont coulé. ——

Et tout-à-coup elle a passé à cet air ancien, dont la douceur a quelque chose de céleste ; tout de suite, et j'ai senti mon ame pénétrée d'un sentiment de consolation, et du souvenir de tout le passé, de tous les momens où j'avois entendu cet air, de tous les tristes intervalles remplis par la douleur, de toutes mes espérances trompées, et alors —— j'allois et venois par la chambre, tout étoit un fardeau sous lequel mon cœur étoit étouffé. « Au nom de Dieu (lui ai-je dit avec l'expression la plus vive (« au nom de Dieu, finissez ». Elle a cessé, et m'a regardé attentivement. « Werther (m'a-t-elle dit avec un souris qui a pénétré mon ame) « Werther, vous êtes bien » malade, vos mets favoris vous » répugnent. Allez ! de grace, cal- » mez-vous ». Je me suis arraché d'auprès d'elle, et —— Dieu ! tu vois ma misère, et tu y mettras fin.

LETTRE LXXIII.

Le 6 Décembre.

Comme cette image me poursuit ! Soit que je veille, ou que je rêve, elle remplit mon ame. Là, quand je ferme les yeux ; là, dans mon front, où se réunit la force visuelle, je trouve ses yeux noirs. Là ! je ne puis te l'exprimer. Je n'ai qu'à fermer les yeux, les siens sont là ; ils reposent comme une mer, comme un abyme devant moi, en moi ; ils remplissent toutes les facultés de mon cerveau.

Qu'est-ce que l'homme, ce demi-dieu si vanté ? ses forces mêmes ne lui manquent-elles pas, lorsqu'il en a le plus grand besoin ? Et lorsqu'il prend l'essor dans la joie, ou qu'il s'enfonce dans la tristesse, ne se sent-il pas arrêté dans ces deux extrêmes ? ne se voit-il pas rappeller au sentiment froid et émoussé de son existence, quand il desireroit se perdre dans l'océan de l'infini ?

LETTRE LXXIV.

Le 8 Décembre.

Cher Guillaume, je suis dans un état où devroient être ces malheureux qu'on croyoit obsédés par un malin esprit. Cela me prend bien souvent. Ce n'est point angoisse, ce n'est point desir. C'est une fureur inconnue qui m'agite intérieurement, qui menace de déchirer mon sein, qui me serre la gorge ! Malheur à moi ! malheur à moi ! Je m'égare au milieu des scènes nocturnes et effrayantes qu'offre cette saison ennemie des hommes.

Hier la nuit, il me fallut sortir.

J'avois ouï dire le soir que la rivière et tous les ruisseaux s'étoient débordés, et que depuis Wahlheim, toute ma chère vallée étoit inondée. Je sortis à plus d'onze heures. Quel effrayant spectacle ! Voir les ravines sablonneuses rouler au clair de la lune du haut du rocher, sur les champs et les prés, et les haies, et tout ; la vallée couverte dans toute son étendue d'une mer agitée par la bruyante haleine des vents. Et quand la lune paroissoit et reposoit sur les noirs nuages, et que les torrents rouloient avec bruit en réfléchissant son image imposante et majestueuse : alors je me sentois saisi d'horreur ; puis bientôt un desir. Hélas ! je me tenois debout, les bras étendus devant l'abyme ; et je respirois en regardant en bas, en bas, et je me perdois dans la joie indicible que j'aurois eue à me précipiter pour terminer mes tourmens et mes souffrances, à m'élancer, à bruire comme les flots. Hélas! tu n'eus pas la force de lever le pied, et de finir tous mes maux?——Mon sablier n'est pas encore à sa fin ——je le sens ! O Guillaume ! que je me serois dépouillé volontiers de toute ma dignité d'homme, pour pouvoir avec ce vent impétueux déchirer les nuages, et saisir toute la surface des ondes! Hélas ! prisonniers que nous sommes, ce plaisir ne sera-t-il jamais notre partage?

Et comme je regardois tristement en bas, vers un petit endroit où je m'étois reposé sous un saule avec Lolotte, après nous être promenés par une grande chaleur, je vis qu'il étoit aussi inondé, et je reconnus à peine le saule, Guillaume. » Et ses » prés (disois-je en moi-même) et » tous les environs de la maison de

» chasse, comme le torrent doit » avoir arraché, détruit nos ber- » ceaux »! Le rayon du passé brilla dans mon ame —— comme un prisonnier qui rêve de troupeaux, de prairies, de charges. J'étois —— je ne me blâme point, car j'ai le courage de mourir. —— J'aurois —— je suis assis, semblable à une vieille femme qui ramasse du bois autour des haies, et qui demande son pain de porte en porte, pour prolonger encore un moment, et alléger sa triste et défaillante existence.

LETTRE LXXV.

Le 17 Décembre.

Qu'est-ce, mon cher ami ? je suis effrayé de moi-même. L'amour que j'ai pour elle n'est-il pas l'amour le plus saint, le plus pur, le plus fra-

ternel ? Ai-je jamais senti dans mon
ame un desir coupable ! —— je ne
veux point jurer. —— A présent ——
songes! O que ceux-là sentoient bien
justes, qui attribuoient ces effets op-
posés à des forces étrangères ! cette
nuit ! je tremble de te le dire. Je la
tenois dans mes bras étroitement
serrée contre mon sein, et je cou-
vrois sa belle bouche, sa bouche
balbutiante d'un million de baisers.
Mon œil nageoit dans l'ivresse du
sien. Dieu ! seroit-ce un crime que le
bonheur que je goûte encore à me
rappeller avec toute la sensibilité possible ces plaisirs vifs et brûlans ?
Lolotte ! Lolotte ! —— C'est fait de
moi ! —— mes sens se troublent, mes
yeux sont remplis de larmes. Je ne
suis bien nulle part, et je suis bien
par-tout. Je ne souhaite rien, ne
desire rien. Il vaudroit mieux que
je partisse.

L'ÉDITEUR
AU LECTEUR.

Pour continuer l'histoire des derniers jours remarquables de notre ami, je me trouve obligé d'interrompre ses lettres par un récit, dont je tiens les matériaux de la bouche même de Lolotte, d'Albert, de son domestique, et d'autres témoins.

La passion de Werther avoit peu-à-peu troublé la paix entre Albert et son épouse ; celui-ci l'aimoit avec cette fidélité tranquille d'un honnête homme, et le commerce de douceur et d'amitié dans lequel il vivoit avec elle, devint insensiblement subordonné à ses affaires. A la vérité, il ne vouloit pas s'avouer la grande différence qu'il y avoit entre les jours qu'il passoit alors, et ceux qui avoient précédé son mariage ; cependant il sentoit en lui-même un certain mécontentement des attentions de Werther pour Lolotte, attentions qui devoient en effet lui paroître une entreprise sur ses droits, et une sorte de reproche tacite. Cela augmentoit la mauvaise humeur que lui causoient souvent la multiplicité, l'embarras de ses affaires, ainsi que le peu de fruit qu'il en tiroit; et comme la situation de Werther en faisoit un compagnon assez triste, depuis que les tourmens de son cœur avoient consumé le reste des forces de son esprit, sa vivacité, sa pénétration, Lolotte ne pouvoit manquer d'être attaquée de la même maladie ; elle tomba dans une espèce de mélancolie, où Albert crut découvrir une passion naissante pour son amant, et Werther une profonde douleur du changement qu'elle remarquoit dans la conduite de son mari. La défiance qui règnoit entre les deux amis, leur rendoit réciproquement leur présence à charge. Albert évitoit d'entrer dans la chambre de sa femme lorsque Werther étoit avec elle ; et celui-ci, qui s'en étoit apperçu, après des efforts inutiles pour s'absenter tout-à-fait, saisissoit l'occasion de la voir aux heures où son mari étoit retenu par ses affaires. De-là nouveau sujet de mécontentement ; les esprits s'aigrirent de plus en plus, jusqu'à ce qu'enfin Albert dit à sa femme, en termes assez secs, qu'elle devroit, au moins pour le monde, donner une autre tournure à son commerce avec Werther, et le prier de supprimer ses visites trop fréquentes.

A-peu-près dans le même temps, la résolution de sortir de ce monde s'étoit gravée plus profondément dans

dans l'ame du malheureux jeune homme. C'étoit l'idée favorite dont il s'étoit toujours entretenu, sur-tout depuis qu'il s'étoit rapproché de Lolotte.

Mais ce ne devoit pas être une action précipitée et inconsidérée ; c'étoit un pas qu'il vouloit faire avec la persuasion la plus intime, et dans la plus tranquille résolution.

Ses doutes, son combat avec lui-même, se voient dans un petit billet qui est vraisemblablement le commencement d'une lettre à Guillaume, et qui a été trouvé sans date parmi ses papiers.

« Sa présence, sa destinée, l'in-
» térêt qu'elle prend à la mienne,
» expriment encore les dernières
» larmes de mon cerveau.

» Lever le rideau, et passer der-
» rière, voilà tout ! Pourquoi donc
» balancer ?——Pourquoi trembler ?

» Est-ce parce qu'on ignore ce qu'il y
» a là derrière?—Parce qu'on n'en re-
» vient point?—et que c'est le propre
» de notre esprit de se figurer le trou-
» ble et les ténèbres dans un état dont
» nous ne savons rien de certain ».

Il ne pouvoit oublier la mortification qu'il avoit essuyée dans l'ambassade. Il en parloit rarement ; mais quand cela arrivoit, même de la manière la plus indirecte, on s'appercevoit aisément qu'il la regardoit comme une tache ineffaçable pour son honneur, et que cet accident lui avoit inspiré de l'aversion pour toutes les affaires et les occupations politiques. De-là il se livra tout entier à cette manière singulière de sentir et de penser, que nous voyons dans ses lettres, et à une passion sans fin, qui détruisit encore ce qui lui restoit de force et d'activité. Le commerce toujours uniforme, toujours triste qu'il entretenoit avec la créature aimable et aimée, dont il troubloit le repos, l'agitation tumultueuse de ces facultés sans but, sans perspective, le poussèrent enfin à cette action horrible.

LETTRE LXXVI.

Le 20 Décembre.

» Grand merci, Guillaume, à
» ton amitié, qui t'a si bien fait trou-
» ver le mot. Oui, tu as raison, il
» vaudroit mieux pour moi que je
» partisse. La proposition que tu me
» fais de retourner vers vous, n'est
» pas tout-à-fait de mon goût, au
» moins je voudrois faire encore un
» détour, sur-tout à cause de la ge-
» lée continuelle, et du beau che-
» min que nous pouvons espérer. Je
» suis aussi très-content de ton des-
» sein de venir me chercher ; ac-

» corde-moi encore quinze jours, et
» attends encore une lettre de moi
» avec les arrangemens ultérieurs.
» Il ne faut pas cueillir le fruit avant
» qu'il soit mûr, et quinze jours de
» plus ou de moins font beaucoup.
» Quand à ma mère, dis-lui qu'elle
» prie pour son fils, et que je lui
» demande pardon de tous les cha-
» grins que je lui ai causés. C'étoit
» mon sort de faire le tourment des
» personnes dont je devois faire la
» joie. Adieu, mon cher ami. Que
» le ciel répande sur toi toutes ses
» bénédictions; adieu. »

Ce même jour, qui étoit le dimanche avant Noël, il alla voir Lolotte sur le soir, et il la trouva seule. Elle étoit occupée à mettre en ordre quelques jouets qu'elle destinoit à ses frères et sœurs, pour présent de Noël. Il parla du plaisir qu'auroient les enfans, et des temps où l'ouverture inattendue d'une porte (1), et l'apparition d'un arbre décoré de cierges, de sucreries et de pommes, causent les plus grands ravissemens. « Vous aurez aussi votre » présent (lui dit Lolotte en cachant son inquiétude sous un agréable sourire); « vous aurez, si vous » êtes sage, une bougie roulée, et » encore quelque chose. Qu'enten» dez-vous par être sage (s'écria» t-il)? comment faut-il que je sois ? » comment dois-je être, aimable » Lolotte ? C'est (dit-elle) jeudi au » soir la veille de Noël; les enfans » viendront, ainsi que mon père, » et chacun aura le sien. Vous vien-

───────────

(1) C'est d'usage, en Allemagne, d'enfermer la veille de Noël un arbre chargé de petits cierges, de bonbons, etc. dans une fausse armoire, qu'on ouvre à l'instant où l'on s'y attend le moins, pour donner aux enfans le plaisir de la surprise.

» drez aussi —— Mais pas plutôt.
» —— Werther fut saisi. —— Je vous
» en prie (continua-t-elle) c'est une
» chose résolue ; je vous en prie au
» nom de mon repos, cela ne peut
» pas durer ainsi »! Il détourna les
yeux, se mit à marcher par la chambre en murmurant entre ses dents :
cela ne peut pas durer ainsi ! Lolotte, qui sentoit l'affreuse situation où
ces mots l'avoient jeté, tâcha par
mille questions différentes de faire
divertion à ses idées, mais en vain.
« Non, Lolotte (s'écria-t-il) je ne
» vous verrai plus ! —— Pourquoi
» cela, Werther ? Vous pouvez
» nous revoir, vous le devez même ;
» modérez-vous seulement. O pour-
» quoi faut-il que vous soyez né
» avec cette véhémence, avec cette
» passion qui vous attache invinci-
» blement à tout ce dont vous vous
» êtes une fois frappé ? De grace

continua-t-elle, en lui prenant la main), « modérez-vous. Quelle source d'amusemens divers ne vous offrent pas votre esprit, votre savoir, vos talens ? Soyez homme ; défaites-vous de ce funeste attachement pour une créature qui ne peut rien que vous plaindre ». — Il grinça les dents en la regardant d'un œil sombre. Elle tenoit sa main. « Un moment de sang-froid » lui dit-elle), Werther. Ne sentez-» vous pas que vous vous trompez, » que vous vous perdez volontaire-» ment ? Pourquoi donc, moi ? Wer-» ther ! Moi ? qu'un autre possède ! » C'est justement cela ! Je crains, » je crains que ce ne soit cette im-» possibilité de me posséder, qui » donne tant d'attrait à ce desir. Il » retira sa main de celle de Lolotte, » en la regardant d'un air fixe et » mécontent. Sage, dit-il, très-sage;

» Albert auroit-il par hasard fait
» cette remarque? Politique, fort
» politique! Chacun peut la faire,
» répondit-elle. Et n'y auroit-il pas
» dans le monde une personne ca-
» pable de remplir les desirs de votre
» cœur? Prenez cela sur vous, cher-
» chez-la, et je vous jure que vous
» la trouverez. Et vraiment je suis
» fâchée pour vous de voir la soli-
» tude dans laquelle vous vous êtes
» relégué depuis quelques tems. Ga-
» gnez cela sur vous ; un voyage
» vous dissipera, et il faut que vous
» le fassiez. Cherchez, trouvez un
» objet digne de toute votre ten-
» dresse ; puis revenez, et jouissons
» ensemble du bonheur d'une vraie
» amitié ».

» L'on pourroit faire imprimer
» cela (dit-il en riant froidement)
» et le recommander à tout ce qu'il
» y a de pédagogues. Chère Lolotte,

» laissez-moi encore un peu de tran-
» quillité : tout cela se fera. —— Ac-
» cordez-moi seulement une chose,
» Werther ; c'est de ne point venir
» avant la veille de Noël ». Il vouloit lui répondre, lorsque Albert entra. Ils se souhaitèrent le bon soir
avec un froid de glace, et se mirent
à marcher l'un à côté de l'autre d'un
air embarrassé. Werther commença
un discours qui ne signifioit rien, et
qu'il termina bientôt. Albert, de son
côté, interrogea son épouse sur plusieurs choses dont il l'avoit chargée ;
et sur ce qu'il apprit qu'elles n'étoient
pas encore faites, il lui lâcha quelques mots assez piquans, dont Werther se sentit percer le cœur. Il vouloit sortir, et ne le put ; il balança
ainsi jusqu'à 8 heures, et pendant
tout ce tems-là leur tristesse, et la
mauvaise humeur où ils étoient l'un
contre l'autre, s'aigrirent de plus en

plus; enfin le couvert se trouva mis; alors Werther prit sa canne et son chapeau, et Albert le reconduisant lui demanda d'un ton sec s'il ne vouloit pas rester à souper ?

Il retourna chez lui, prit la lumière des mains de son garçon qui vouloit l'éclairer ; entra seul dans sa chambre, pleura, gémit, se parla à lui-même avec emportement, marcha quelque temps à grands pas, et finit par se jeter tout habillé sur son lit, où se trouva son domestique, qui prit sur lui d'entrer sur les onze heures, pour lui demander s'il ne vouloit pas qu'il lui tirât ses bottes. Il y consentit, et lui dit de ne point entrer dans sa chambre qu'il ne l'appellât.

Le lundi matin, vingt-un décembre, il écrivit à Lolotte la lettre suivante, qu'on trouva après sa mort, toute cachetée sur son bureau, qu'on lui remit, et que je donnerai ici par paragraphe, selon l'ordre où les circonstances semblent indiquer qu'elle a été composée.

« C'est une chose résolue, Lolotte,
» je veux mourir, et je te l'écris de
» sang-froid, sans être transporté
» d'une fureur romanesque, le ma-
» tin du jour où je te verrai pour la
» dernière fois. A l'instant où tu li-
» ras ceci, ma chère, le froid tom-
» beau recélera les restes engourdis
» du malheureux qui ne connoît
» point pour ses derniers momens de
» plus grande douceur que de s'en-
» tretenir avec toi. O nuit affreuse !
» ô nuit bienfaisante que j'ai passée !
» C'est cette nuit qui a fixé mon in-
» certitude, qui m'a affirmé dans
» ma résolution : je veux mourir.
» Lorsque je m'arrachai hier d'au-
» près de toi, comme mon cœur
» étoit serré ! comme je me sentis

» saisi d'un froid mortel dans l'idée
» des tristes momens que je passe
» auprès de toi sans espérances !
» J'eus à peine assez de force pour
» arriver jusqu'à ma chambre ; je
» me jetai à genoux tout hors de
» moi ; ô Dieu, tu m'accordas
» pour dernière consolation les lar-
» mes les plus amères ; mille des-
» seins, mille projets furieux s'en-
» trechoquèrent dans mon ame, et
» se terminèrent enfin à cette seule
» et dernière pensée : je veux mou-
» rir. Je me couchai ; et le matin,
» dans tout le calme du réveil, je
» trouvai encore dans mon cœur
» cette résolution ferme et inébran-
» lable : je veux mourir ! —— Ce
» n'est point désespoir, c'est la cer-
» titude que j'ai fini ma carrière,
» et que je me sacrifie pour toi. Oui,
» Lolotte, pourquoi te le cacher ?
» Il faut que l'un de nous trois
périsse

» périsse, et je veux que ce soit moi.
» O ma chère ! une idée furieuse
» s'est insinuée dans mon cœur dé-
» chiré, souvent — de tuer ton
» époux ! — toi ! — moi ! Ainsi
» soit-il donc ! — Lorsque sur le
» soir d'un beau jour d'été tu gravi-
» ras la montagne, pense à moi
» alors, et souviens-toi combien de
» fois je parcourus cette vallée ; re-
» garde de là vers le cimetière, et
» que ton œil voie comme le vent
» berce l'herbe élevée qui environne
» ma tombe éclairée par les derniers
» rayons du soleil. — J'étois calme
» en commençant, et maintenant
» ces images m'affectent avec tant
» de forces, que je pleure comme
» un enfant. — »

Sur les dix heures, Werther appella son domestique ; et comme il se faisoit habiller, il lui dit qu'il alloit faire un voyage de quelques jours, qu'il n'avoit qu'à nettoyer ses habits et préparer tout pour faire ses paquets ; il lui ordonna aussi de chercher par-tout les mémoires, de rapporter quelques livres qu'il avoit prêtés, et de payer deux mois d'avance à quelques pauvres à qui il avoit coutume de donner quelque chose toutes les semaines.

Il se fit apporter à manger dans sa chambre ; et après qu'il eût dîné, il alla chez le bailli, qu'il ne trouva pas à la maison. Il se promena dans le jardin, d'un air pensif : il sembloit qu'il voulût rassembler en foule tous les souvenirs capables d'augmenter sa tristesse.

Les enfans ne le laissèrent pas long-tems en repos. Ils coururent à lui en sautant, et lui dirent que quand demain, et encore demain, et puis encore un jour seroit venu, ils recevroient de Lolotte leur présent de Noël; et là-dessus ils lui etalèrent toutes les merveilles que leur petite imagination leur promettoit. « Demain (s'écria - t - il) et encore » demain, et puis encore un jour »! Il les baisa tous tendrement, et alloit les quitter, lorsque le plus jeune voulut lui dire encore quelque chose à l'oreille. Il lui dit en confidence que ses grands frères avoient écrit de beaux complimens du jour de l'an; qu'ils étoient longs; qu'il y en avoit un pour le papa, un pour Albert et Lolotte, et un aussi pour M. Werther, qu'ils vouloient les présenter le matin du jour de l'an.

Cela le transporta; il leur donna à tous quelque chose, monta à cheval, les chargea de faire ses complimens, et partit les larmes aux yeux.

Vers les cinq heures il retourna au logement, recommanda à sa servante d'avoir soin du feu, et de l'entretenir jusqu'à la nuit. Il dit au domestique de mettre au fond du coffre des livres et du linge blanc, et de coudre les habits. Alors il écrivit vraisemblablement le paragraphe qui suit de sa dernière lettre à Lolotte.

» Tu ne m'attends pas. Tu crois
» que j'obéirai, et que je ne te ver-
» rai que la veille de Noël. O Lo-
» lotte, aujourd'hui, ou jamais ! La
» veille de Noël tu tiendras ce pa-
» pier dans ta main, tu frémiras,
» et tu le mouilleras de tes larmes ;
» je le veux, il le faut ! Oh que je
» suis content d'avoir pris mon
» parti »!

Sur les six heures et demie, il se rendit chez Albert, et trouva Lolotte seule, qui fut fort effrayée de sa visite. Tout en causant avec son mari, elle lui avoit dit que Werther ne viendroit point avant la veille de

Noël; là-dessus il avoit sur-le-champ fait seller son cheval, avoit pris congé d'elle, en lui disant qu'il alloit chez un intendant du voisinage, avec lequel il avoit une affaire à terminer, et il étoit parti en dépit du mauvais temps. Lolotte qui savoit qu'il avoit différé depuis long-temps cette affaire, parce qu'elle devoit le retenir une nuit absent, ne comprit que trop bien le motif de ce délai, et elle en fut affligée dans son cœur. Elle étoit assise dans sa solitude, son cœur s'attendrit; elle regardoit le passé, elle sentoit tout son mérite, tout l'amour qu'elle avoit pour son époux, qui au-lieu du bonheur qu'il lui avoit promis, commençoit à faire le malheur de sa vie. Ses pensées se tournèrent sur Werther. Elle le blâmoit, et ne pouvoit le haïr. Un charme secret le lui avoit de plus en plus rendu cher depuis le com-

mencement de leur connoissance ; et après un si long-tems, après toutes les situations où ils avoient vécu ensemble, l'impression qu'il avoit faite sur son cœur devoit être ineffaçable. Enfin, son cœur oppressé se soulagea par des larmes, et passa à une tranquille mélancolie, où elle se perdoit de plus en plus. Mais comme son cœur battit lorsqu'elle entendit Werther monter l'escalier, et la demander ? Il n'étoit plus tems de faire dire qu'elle n'y étoit pas, et elle ne put se remettre qu'à demi de son trouble, lorsqu'il entra dans la chambre. « Vous n'avez point tenu parole », lui dit-elle d'abord ! Sa réponse fut qu'il n'avoit rien promis. — « Vous
» auriez dû au moins m'accorder ma
» demande ; je ne l'avois faite que
» pour le repos de l'un et de l'autre ».
En lui disant cela, elle avoit résolu en elle-même de faire prier quelques-

nnés de ses amies de la venir voir. Elles devoient être témoins de son entretien avec Werther, et elle espéroit être le soir, de bonne heure, quitte de sa visite, puisqu'il seroit obligé de les reconduire chez elles. Il lui rapportoit quelques livres ; elle lui en demanda d'autres ; elle tâchoit de soutenir la conversation sur un ton général, jusqu'à l'arrivée de ses amies, lorsque la servante revint, et lui dit qu'elles s'excusoient toutes deux ; l'une, sur ce qu'elle avoit une visite importante de parens, et l'autre sur ce qu'elle ne se soucioit pas de s'habiller, et de sortir par le mauvais tems.

Elle resta rêveuse pendant quelques minutes, jusqu'à ce que le sentiment de son innocence s'éleva avec un noble orgueil. Elle brava les soupçons d'Albert, et la pureté de son cœur lui donna tant de confiance,

qu'elle n'appella point la servante, comme elle l'avoit d'abord projeté ; mais après avoir joué quelques ménuets sur son clavecin, pour se remettre, elle s'assit d'un air tranquille sur le canapé, auprès de Werther. « N'avez-vous rien à lire ? » lui dit-elle. —— Rien. — « J'ai là dans un
» tiroir votre traduction de quelques
» chants d'Ossian ; je ne l'ai point
» encore lue, parce que j'attendois
» toujours d'en entendre la lecture
» de votre bouche; mais depuis quel-
» que tems vous n'êtes plus bon à
» rien ». Il sourit, alla prendre ces chants, et sentit un frémissement en y portant la main : ses yeux se remplirent de larmes lorsqu'il ouvrit le cahier ; il se rassit et lut (1).

(1) Il y a ici plusieurs morceaux d'Ossian, que je n'ai pas cru devoir traduire par respect pour cet auteur, et parce que d'ailleurs ils ne feroient qu'interrompre le fil de l'histoire.

Un torrent de larmes qui coula des yeux de Lolotte, et qui soulagea son cœur oppressé, arrêta le chant de Werther; il jetta là le papier, lui prit une main, et versa les pleurs les plus amères. Lolotte étoit appuyée sur l'autre, et se couvroit les yeux de son mouchoir; leur agitation à l'un et à l'autre étoit effrayante. Ils sentoient leur propre misère dans la destinée de ces héros; ils la sentoient ensemble, et leurs larmes se confondoient. Les lèvres et les yeux de Werther se collèrent avec feu sur les bras de Lolotte; elle en frémit, elle vouloit s'éloigner, et l'excès de la douleur, le tendre intérêt qu'elle prenoit à cette situation l'accabloient comme un fardeau. Elle respira quelques momens pour se remettre, et le pria en sanglottant de continuer; elle le pria d'une voix céleste: Werther trembloit; il sembloit que son cœur voulût s'ouvrir un passage; il ramassa le cahier, et lut d'une voix entrecoupée.

« Pourquoi m'éveilles-tu, souffle » du printemps? Tu me caresses, et » dis : Je suis chargé de la rosée du » ciel; mais le tems approche où je » dois me flétrir ; l'orage qui doit » abattre mes feuilles, est proche. » Demain viendra le voyageur, le » voyageur qui m'a vu dans ma beau- » té ; son œil me cherchera par-tout » dans la campagne, et il ne me » trouvera point —— ».

Le malheureux se sentit accablé de toute la force de ces mots ; il se renversa devant Lolotte dans le dernier désespoir; il lui prit les mains qu'il pressa contre ses yeux, contre son front ; il sembla à Lolotte qu'il lui passoit dans l'ame un pressentiment du projet affreux qu'il avoit formé. Ses sens se troublèrent, elle lui serra les mains, les pressa contre son sein ; elle se pencha vers lui avec attendrissement, et leurs joues brûlantes se touchèrent. L'univers s'anéantit pour eux ; il la prit dans ses bras, la serra contre son cœur, et couvrit ses lèvres tremblantes et balbutiantes de baisers furieux. « Werther » ! cria-t-elle d'une voix étouffée, et en se retournant, (Werther) ! Et d'une main foible elle tâchoit de l'écarter de son sein. (Werther) ! lui dit-elle, de ce ton qui exprime le plus noble sentiment. Il ne put y tenir. Il la laissa aller de ses bras, et se jetta à terre devant elle comme un forcené. Elle s'arracha de lui, et toute troublée, tremblante entre l'amour et la colère, elle lui dit : « Voilà la dernière fois, » Werther ! vous ne me verrez plus ». Puis jettant sur le malheureux un regard plein d'amour, elle courut

dans la chambre prochaine, et s'y enferma. Werther lui tendoit les bras, et n'eut pas la hardiesse de la retenir. Il étoit étendu par terre, la tête appuyée sur le canapé, et il demeura plus d'une demi-heure dans cette posture, jusqu'à ce qu'un bruit qu'il entendit, le rappella à lui-même. C'étoit la fille qui venoit mettre le couvert. Il alloit et venoit dans la chambre; et lorsqu'il se vit seul, il s'approcha de la porte du cabinet, et dit à voix basse: « Lolotte! Lo-
» lotte! encore un mot seulement,
» un adieu »: —Il garda le silence; il attendit.— Il pria, — puis attendit encore; enfin il s'arracha de là en criant: « Adieu Lolotte! adieu
» pour jamais »!

Il se rendit à la porte de la ville. Les gardes qui étoient accoutumés à le voir, le laissèrent passer sans lui rien dire. Il tomboit de la neige fondue. Il ne rentra que vers les onze heures. Lorsqu'il revint à la maison, le domestique remarqua qu'il n'avoit point son chapeau : il n'osa pas l'en faire appercevoir ; il le déshabilla ; tout étoit mouillé. On a trouvé ensuite son chapeau sur un rocher situé sur le penchant de la montagne, et qui commande la vallée ; il est incompréhensible comment il put, par une nuit obscure et humide, y monter sans se précipiter.

Il se coucha, et dormit long-tems. Le lendemain matin, son domestique qu'il appella, le trouva à écrire, lorsqu'il lui apporta son café. Il écrivit ce qui suit de sa lettre à Lolotte.

» C'est donc pour la dernière fois,
» pour la dernière fois que j'ouvre
» ces yeux ; ils ne doivent plus re-
» voir la lumière ; un jour sombre
» et nébuleux les couvre. Sois donc
» en deuil, ô nature ! ton fils, ton

» ami, ton bien-aimé s'approche de
» sa fin. Lolotte, c'est un sentiment
» qui n'a point de pareil, et qui
» pourtant approche le plus du va-
» gue, de la vapeur incertaine d'un
» songe, que de se dire : Ce matin
» est le dernier. Le dernier! Lo-
» lotte, je n'ai aucune idée de ce
» mot, le dernier! Ne suis-je pas là
» dans toute ma force? Et demain,
» couché, étendu, endormi sur la
» terre! Mourir! qu'est-ce que cela
» signifie? Vois-tu, nous rêvons
» quand nous parlons de la mort.
» J'ai vu mourir plusieurs personnes ;
» mais l'humanité est si bornée,
» qu'elle n'a aucun sentiment du
» commencement et de la fin de son
» existence. Actuellement encore
» tout à moi, à toi! à toi! ma
» chère; et un moment de plus ——
» séparés, —— désunis —— peut-
» être pour jamais. Non, Lolotte,

» non. Comment puis-je être anéan-
» ti ? Comment peux-tu être anéan-
» ti ? Nous sommes, oui ! —— s'a-
» néantir ! —— Qu'est-ce que cela
» signifie ? C'est encore un mot, un
» vain son qui ne porte aucun senti-
» ment à mon cœur. —— Mort,
» Lolotte ! ensevelis dans un coin
» de la terre froide, si étroit, si
» obscur ! —— J'eus une amie qui
» étoit tout pour moi dans l'abon-
» dance de ma jeunesse. Elle mou-
» rut, je suivis le convoi, et me tins
» auprès de la fosse. Comme ils
» descendirent le cercueil ! comme
» les cordes ronfloient à mesure
» qu'ils les laissoient couler, et
» qu'ils les retiroient ! Comme la
à première pelletée de terre tomba
» par mottes sur ce coffre funèbre
» qui rendit un bruit sourd, puis
» plus sourd, et plus sourd encore,
» jusqu'à ce qu'enfin il se trouva

» entièrement couvert ! —— Je tom-
» bai auprès de la fosse, —— saisi,
» agité, oppressé, les entrailles dé-
» chirées ; mais je ne savois ce que
» j'étois, —— ce que je serai. ——
» Mourir ! sépulcre ! Je n'entends
» point ces mots !

» Oh pardonne - moi ! pardonne-
» moi! Hier ! ç'auroit dû être le
» dernier moment de ma vie. O
» ange ! ce fut pour la première
» fois, oui pour la première fois que
» ce sentiment d'une joie sans bornes
» pénétra tout entier, et sans aucun
» mélange de doute, dans mon
» ame : elle m'aime ! elle m'aime !
» Mes lèvres sont encore brûlées de
» ce feu sacré dont les tiennes les
» ont inondées ;' une nouvelle joie
» consume mon cœur. Pardonne-
» moi ! pardonne-moi !

» Ah ! je le savois bien, que
» j'étois aimé ! Tes premiers regards,

» ces regards pleins d'ame, ton pre-
» mier serrement de main me l'ap-
» prirent; et cependant lorsque je
» quittois, ou que je voyois Albert
» à tes côtés, je retombois dans
» mes doutes rongeurs.
» Te souvient-il de ces fleurs que
» tu me donnas dans cette fatale as-
» semblée où tu ne pus ni me dire
» un seul mot, ni me présenter la
» main? Hélas! je restai la moitié
» de la nuit à genoux devant ces
» fleurs, et elles furent pour moi
» le sceau de ton amour. Mais,
» hélas! ces impressions se sont ef-
» facées, comme on voit insensible-
» ment s'effacer dans le cœur du
» Chrétien le sentiment de la grace
» de son Dieu, que le ciel lui offrit
» avec profusion sous des signes sa-
» crés et manifestes.
» Tout cela est périssable; mais
» l'éternité même ne pourra point dé-

» truire la vie brûlante dont je jouis
» hier sur tes lèvres, et que je sens
» en moi. Elle m'aime ! ce bras l'a
» pressée ! Ces lèvres ont tremblé
» sur ses lèvres ! Cette bouche a
» balbutié sur la sienne ! Elle est
» à moi ! Tu es à moi ! oui, Lo-
» lotte, pour jamais !

» Qu'importe qu'Albert soit ton
» mari ? Mari ! — Ce titre seroit seu-
» lement pour ce monde. — Et pour
» ce monde, le péché que je com-
» mets en t'aimant, en desirant de
» t'arracher, si je pouvois, de ses
» bras dans les miens ? Péché ? soit !
» Eh bien je m'en punis : je l'ai sa-
» vouré, ce péché, dans le trans-
» port de la plus douce volupté ;
» j'ai sucé le baume de la vie, et
» versé la force dans mon cœur ; de
» ce moment tu es à moi, à moi, ô
» Lolotte ! Je pars devant. Je vais
» rejoindre mon père, ton père ; je

» me plaindrai devant lui ; il me
» consolera jusqu'à ton arrivée ;
» alors je vole à ta rencontre, je te
» saisis et demeure uni à toi en pré-
» sence de l'Eternel, dans des em-
» brassemens qui ne finiront jamais.
» Je ne rêve point, je ne suis
» point dans le délire! L'approche
» du tombeau fut pour moi une
» nouvelle lumière. Nous serons,
» nous nous reverrons! Nous verrons
» mère! je la verrai, je la trouverai,
» hélas ! et je lui exposerai tout
» mon cœur. Ta mère. Ta parfaite
» image. »

Vers les onze heures, Werther demanda à son domestique si Albert n'étoit pas de retour. Il lui dit que oui, qu'il avoit vu passer son cheval. Là dessus Werther lui donna un petit billet non cacheté, qui contenoit ces mots :

« Voudriez-vous bien me prêter

» vos pistolets pour un voyage que
» je médite ? Portez-vous bien. »

La chère femme avoit peu dormi
la nuit dernière ; son pouls étoit
élevé, et mille sentimens divers agi-
toient son cœur. Elle sentoit malgré
elle au fond de son sein le feu des
embrassemens de Werther ; et en
même tems les jours de sa tranquille innocence, de cette confiance
exempte de tous soins, se présen-
toient à elle avec plus de charmes ;
il lui sembloit voir d'avance les re-
regards de son mari, elle l'entendoit
l'interroger d'un ton demi-triste et
demi-ironique au moment où il ap-
prendroit la visite de Werther. Elle
n'avoit jamais dissimulé, jamais men-
ti, et pour la première fois elle s'y
voyoit inévitablement contrainte; la
répugnance, l'embarras qu'elle en
ressentoit, aggravoit sa faute à ses
yeux, et cependant elle ne pouvoit

ni haïr celui qui en étoit l'auteur, ni se promettre de ne le plus revoir. Elle pleura jusque vers le matin, où elle tomba de fatigue dans un foible assoupissement. A peine s'étoit-elle éveillée et habillée, que son mari revint. Sa présence, pour la première fois, lui parut insupportable ; car la crainte où elle étoit qu'il ne découvrît dans ses yeux et à son air qu'elle avoit veillé et pleuré toute la nuit, augmentoit encore son trouble ; elle le reçut avec un empressement empressé, qui exprimoit plutôt son agitation et son repentir, qu'un transport de joie. Par-là elle excita l'attention d'Albert. Celui-ci, après avoir décacheté plusieurs lettres, et ouvert quelques paquets, lui demanda du ton le plus sec s'il n'y avoit pas autre chose, et s'il n'étoit venu personne ? » Werther, (lui répondit-elle, en » hésitant), vint hier, et passa une

» heure ici ». —— Il prend bien son tems, dit Albert, puis il se retira dans sa chambre. Lolotte étoit restée seule un quart-d'heure. La présence d'un époux qu'elle aimoit, et pour qu'elle avoit de l'estime, avoit fait dans son cœur une nouvelle impression. Elle se rappelloit toute sa bonté, la noblesse de ses sentimens, son amour ; et elle s'accusoit de l'avoir si mal récompensé. Une voix secrète lui disoit de le suivre. Elle prit son ouvrage, comme elle avoit déjà fait plusieurs fois, entra dans sa chambre, et lui demanda s'il avoit besoin de quelque chose. Il lui répondit : non ! se mit à son bureau pour écrire, et elle s'assit, et se mit à tricoter. Ils passèrent ainsi une demi-heure ensemble ; et comme Albert se levoit de tems en tems pour aller et venir par la chambre et que sans répondre que peu ou point du tout à ce que Lolotte pouvoit lui dire, il se remettoit à sa table ; elle tomba dans une tristesse qui l'affectoit d'autant plus, qu'elle tâchoit de la cacher, et de dévorer ses larmes.

L'apparition du domestique de Werther la jeta dans le plus grand embarras. Il présenta le billet à Albert, qui, se tournant froidement vers sa femme, lui dit : « Donnez-» lui les pistolets. —— Je lui sou-» haite un bon voyage, » dit-il au garçon. Ces mots furent pour elle comme un coup de tonnerre. Elle se leva en chancelant, elle ne savoit où elle étoit. Elle s'approcha lentement de la muraille, et les prit en tremblant ; elle en ôtoit la poussière, hésitoit à les donner, et auroit différé plus long-tems, si Albert ne l'eût pressée en lui disant d'un ton expressif : « Qu'attendez-vous ? » Elle donna l'arme funeste au domestique, sans avoir la force de proférer un seul mot ; et dès qu'il fut sorti, elle replia son ouvrage, et se retira dans sa chambre dans un état de souffrance inexprimable. Son cœur lui présageoit tout ce qu'il y a de plus affreux. Tantôt elle étoit sur le point de se jeter aux pieds de son mari, de lui découvrir tout, l'histoire du soir précédent, sa faute et son pressentiment. Bientôt après, elle ne voyoit plus à quoi aboutiroit une pareille démarche. Elle pouvoit au moins espérer de persuader à son mari d'aller après Werther. On mit le couvert, et une voisine qui n'étoit venue que pour demander quelque chose, et que Lolotte retint à dîner, rendit le repas supportable ; on se contraignit, on parla, on conta, on s'oublia.

Le domestique arriva chez Werther avec les pistolets. Il les prit avec transport

transport, lorsqu'on lui dit que c'étoit Lolotte qui les avoit donné. Il se fit apporter un pain et du vin, dit au laquais d'aller dîner, et se mit à écrire.

» Ils ont passé par tes mains, tu
» en as ôté la poussière, je les baise
» mille fois, tu les as touchés. Es-
» prit du ciel, tu favorises ma réso-
» lution ! Et toi, Lolotte, tu me
» fournis l'instrument ; toi, des mains
» de qui je souhaitois recevoir la
» mort, et la reçois en effet. Oh !
» j'ai interrogé mon domestique, tu
» as tremblé en les lui présentant ;
» tu ne m'as fait dire nul adieu ;
» —— Malheur ! malheur !—— Nul
» adieu ! —— Pourrois-tu m'avoir
» fermé ton cœur ? à cause de ce mo-
» ment qui m'a uni à toi pour ja-
» mais ? Lolotte, c'est une impres-
» sion qu'un siècle de siècles ne pour-
» ra effacer ! et je le sens, tu ne sau-

» rois haïr celui qui brûle ainsi pour
» toi ».

Après dîner, il ordonna au domestique d'achever les paquets; il déchira divers papiers, sortit, et mit encore quelques petites affaires en ordre. Il revint à la maison, sortit encore devant la porte, et alla, malgré la pluie, dans le jardin du Comte. Il erra dans les environs, rentra sur la brune, et écrivit.

» Guillaume, j'ai vu pour la der-
» nière fois les champs, la forêt et
» le ciel. Adieu, chère mère, par-
» donne-moi. Console-la, Guillau-
» me. Que Dieu vous bénisse. Tou-
» tes mes affaires sont en ordre.
» Adieu! Nous nous verrons de nou-
» veau, et plus joyeux ».

» Je t'ai mal payé de retour, Al-
» bert, et tu me le pardonnes. J'ai
» troublé la paix de ton ménage;
» j'ai porté la défiance parmi vous.

» Adieu, je veux y mettre fin. Oh!
» puisse ma mort vous rendre heu-
» reux! Albert! Albert! fait que cet
» ange soit heureux! et puisse ainsi la
» bénédiction du ciel reposer sur toi ».

Il fit encore le soir plusieurs recherches dans ses papiers, en déchira
beaucoup qu'il jeta dans le poêle,
cacheta quelques paquets adressés à
Guillaume : ils contenoient de petits
mémoires, quelques pensées déta-
chées, et que j'ai vues en partie ;
et sur les dix heures, après avoir
donné ordre qu'on mit du bois au
poêle, et s'être fait apporter une
demi-bouteille de vin, il envoya
coucher son domestique, dont la
chambre, ainsi que celle où cou-
choient les gens de la maison, étoit
fort éloignée sur le derrière. Le laquais se mit au lit tout habillé pour
être prêt de bonne heure ; car son
maitre avoit dit que les chevaux de

poste seroient devant la porte avant six heures.

LETTRE LXXVII.

A onze heures passées.

» Tout est calme autour de moi,
» et mon ame est si tranquille ! Je
» te remercie, ô mon Dieu ! de m'ac-
» corder cette chaleur, cette force,
» dans ces derniers momens.

» Je m'approche de la fenêtre ! ma
» chère, et je vois encore quelques
» étoiles dans ce ciel éternel, briller
» isolées au travers des nuages ora-
» geux qui fuient par dessus ma tê-
» te. Non ! vous ne tomberez point !
» L'Eternel vous porte, ainsi que
» moi, dans son sein. J'ai vu les étoi-
» les qui forment le timon du cha-
» riot, la plus belle des constella-
» tions. Quand je te quittois la nuit,
» quand je sortois de ta porte, il

» étoit là vis-à-vis ! Avec quelle
» ivresse ne l'ai-je pas souvent con-
» templé ! Combien de fois n'ai-je
» pas élevé mes mains vers cette
» constellation, et n'en ai-je pas fait
» le signe, le monument sacré de
» mon bonheur actuel! et même——
» O Lolotte, qu'est-ce qui ne me
» rappelle pas ton souvenir? Ne suis-
» je pas environné de toi, et n'ai-je
» pas, comme un enfant, dérobé
» mille bagatelles inutiles de tou-
» te espèce, que tes mains saintes
» avoient touchées.

» Cher portrait ! Lolotte, je t'en
» fais un legs, et te conjure de l'ho-
» norer. J'y ai imprimé mille, mille
» baisers ; mille fois mes yeux l'ont
» salué, lorsque je sortois ou que je
» rentrois dans ma chambre.

« J'ai prié ton père, dans un bil-
» let, d'avoir soin de mon corps. Il
» y a au fond du cimetière, dans le

» coin du côté des champs, deux til-
» leuls ; c'est-là que je souhaite de
» reposer. Il fera cela pour son ami,
» il le peut. Prie-le aussi. Je ne veux
» point exiger des bons Chrétiens
» qu'ils déposent leurs corps à côté
» d'un pauvre malheureux. Hélas !
» Je voudrois que vous m'enterras-
» siez sur le chemin, ou dans la val-
» lée solitaire, que le prêtre, le lévite
» passassent et se signassent en voyant
» la pierre qui indiqueroit l'endroit
» de ma sépulture, et qu'le samari-
» tain y répandît quelques larmes ».

» O Lolotte! je prends d'une main
» ferme et assurée ce calice froid et
» effrayant, où je dois boire le ver-
» tige de la mort. Tu me le présen-
» tes, et je le reçois sans trembler.
» Tous mes vœux, toutes les espé-
» rances de ma vie sont remplis! Frap-
» per avec ce sang-froid ! cet en-
» gourdissement, à la porte d'airain

» du trépas ! Que n'ai-je pu partici-
» per, Lolotte, au plaisir de mourir
» pour toi ! de me sacrifier pour toi !
» Je mourrois de grand cœur ; je
» mourrois joyeux, si je pouvois te
» rendre le repos, le bonheur de ta
» vie. Mais, hélas ! il n'a été donné
» qu'à quelques héros de verser leur
» sang pour les leurs, et de donner
» par leur mort, à leurs amis, une
» vie nouvelle et centuplée.

» Je veux, Lolotte, être enterré
» dans ces mêmes habits. Tu les as
» touchés, sanctifiés. Je l'ai aussi
» demandé à ton père. Mon ame plane
» sur le cercueil. On ne doit point
» chercher dans mes poches, ce
» nœud de rubans couleur de rose,
» que tu avois la première fois que
» je te vis au milieu de tes enfans.
» Oh! baise-les mille fois, et conte-
» leur la destinée de leur malheureux
» ami. Les chers enfans, ils s'em-

» pressoient autour de moi. Ah !
» comme je m'étois attaché à toi ! De-
» puis le premier moment il me fut
» impossible de te quitter. Ce nœud
» de rubans, je veux qu'il soit enter-
» ré avec moi. Tu m'en fis présent
» le jour de ma naissance ! Comme
» j'engloutissois tout cela ! —— Hé-
» las ! je ne pensois guère que cette
» route me conduiroit où je suis !
» —— Sois tranquille, je t'en conju-
» re, sois tranquille. ——

» Ils sont chargés, —— minuit son-
» ne ! —— » Ainsi soit-il donc. ——
» Lolotte ! Lolotte ! adieu ! adieu » !

Un voisin vit la lumière de la pou-
dre, et entendit l'explosion ; mais
tout étant demeuré tranquille, il ne
s'en mit pas plus en peine.

Le lendemain, sur les six heures,
le domestique entre dans la chambre
avec la lumière : il trouve son maître
étendu par terre, le pistolet, le sang :

il l'appelle, le prend ; point de réponse, seulement il râloit encore. Il court chez le médecin, chez Albert. Lolotte entend tirer la sonnette : un tremblement s'empare de tous ses membres : elle éveille son mari, ils se lèvent : le domestique désolé leur apprend la nouvelle en bégayant : Lolotte tombe évanouie aux pieds d'Albert.

Lorsque le médecin arriva, il trouva le malheureux à terre dans un état désespéré ; le pouls battoit ; tous les membres étoient perclus : il s'étoit tiré au dessus de l'œil droit ; la cervelle étoit sauté. On le saigna du bras ; le sang vint ; il respiroit encore.

Au sang, à l'accottoir de sa chaise, on pouvoit juger qu'il avoit fait le coup assis devant sa table à écrire. Delà il avoit glissé à terre, s'étoit roulé autour de sa chaise par un mouvement convulsif ; et lorsque ces forces avoient été épuisées, il étoit resté auprès de la fenêtre étendu sur le dos. Il étoit tout habillé, et tout botté, en frac bleu et en veste jaune.

La maison, le voisinage, la ville accourut en tumulte. Albert entra. On avoit mis Werther sur le lit ; il avoit le front bandé ; la mort étoit déjà peinte sur son visage, il ne remuoit aucun de ses membres ; ses poumons râloient encore d'une manière effrayante, tantôt doucement, tantôt plus fort ; on n'attendoit que sa fin.

Il n'avoit bu qu'un verre de son vin. Emilie Galotti (1) étoit ouvert sur le bureau.

Souffrez que je passe sous silence le trouble d'Albert et la désolation de Lolotte.

Ce vieux bailli n'eut pas plutôt

---

(1) Tragédie Allemande de Lessing, fort estimée.

appris la nouvelle, qu'il vint à toute bride, et baisa le mourant en pleurant à chaudes larmes. Les plus âgés de ses fils vinrent bientôt après lui à pied. Ils tombèrent au pied du lit dans l'expression de la plus vive douleur; ils lui baisoient les mains et la bouche, et le grand qui avoit toujours eu la première place dans son amitié, resta collé sur ses lèvres, jusqu'à ce qu'il fut expiré, et il fallut employer la violence pour l'en arracher. Il mourut à midi. La présence et les ordres du bailli prévinrent le tumulte. Le soir, sur les onze heures, il le fit enterrer dans l'endroit qu'il s'étoit choisi. Le vieillard, accompagné de ses fils, suivit le convoi: Albert n'en eut pas la force. On craignit pour la vie de Lolotte. Il fut porté par des ouvriers. Aucun ecclésiastique ne le suivit.

F I N.

www.ingramcontent.com/pod-product-compliance
Lightning Source LLC
Chambersburg PA
CBHW050633170426
43200CB00008B/999